体育赛事信息化与网络安全

本书编写组 编著

电子工业出版社
Publishing House of Electronics Industry
北京·BEIJING

内 容 简 介

大型综合性体育赛事的信息系统与通信网络的安全，与其他活动有许多不同之处。体育赛事信息系统与通信网络担负着比赛成绩的采集、整合、传输、发布，以及赛事的组织管理、指挥调度等工作。信息系统分为赛事成绩系统、赛事管理系统、赛事支持系统和主运行中心系统。

本书就体育赛事信息系统的框架、结构，体育场馆信息化建设、网络安全系统设计、体育赛事通信网络安全建设等内容，进行了全面而详细的讲解，是一本不可多得的针对体育赛事的信息化系统建设专业指导书籍。

本书适合网络安全公司等承接大型活动信息安全活动的组织方、体育赛事承办方、系统集成公司的相关技术人员和管理人员学习参考。

未经许可，不得以任何方式复制或抄袭本书之部分或全部内容。
版权所有，侵权必究。

图书在版编目（CIP）数据

体育赛事信息化与网络安全 /《体育赛事信息化与网络安全》编写组编著. —北京：电子工业出版社，2022.6
ISBN 978-7-121-43651-2

Ⅰ.①体… Ⅱ.①体… Ⅲ.①信息技术－应用－运动竞赛－组织管理 Ⅳ.① G808.22

中国版本图书馆 CIP 数据核字 (2022) 第 097088 号

责任编辑：张瑞喜
印　　刷：中国电影出版社印刷厂
装　　订：中国电影出版社印刷厂
出版发行：电子工业出版社
　　　　　北京市海淀区万寿路 173 信箱　邮编：100036
开　　本：787×1092　1/16　印张：8.25　字数：200 千字
版　　次：2022 年 6 月第 1 版
印　　次：2022 年 6 月第 1 次印刷
定　　价：78.00 元

凡所购买电子工业出版社图书有缺损问题，请向购买书店调换。若书店售缺，请与本社发行部联系，联系及邮购电话：（010）88254888，88258888。
质量投诉请发邮件至 zlts@phei.com.cn，盗版侵权举报请发邮件至 dbqq@phei.com.cn。
本书咨询联系方式：zhangruixi@phei.com.cn。

本书编写组

全体编写人员：

范　渊　　袁明坤　　孙传闯　　蓝　俊

潘　洋　　张　超　　王　科　　林元乖

黄　意　　高　蕊　　林嘉裕　　刘　奕

前　言

　　我一直想写一本书，我希望这本书是去安恒化的，因为我想把安恒信息15年来网络安全保护工作的经验分享给大家，而这些经验一定是具有普适性的；我希望这本书是循序渐进的，因为我希望每一个进入网络安全领域的年轻人都能看懂并热爱，能有越来越多优秀的人才加入体育赛事信息化和网络安全的建设中，加入不同行业的信息化与网络安全建设中；我希望这本书是领先行业的，当然，这也是必需的。

　　书籍是人类智慧和经验的凝结，城市也是。英国诗人威廉·库柏说：上帝创造了乡村，人类创造了城市。城市空间秩序是建设和生活在其中的人们编织的规则，这些规则主导着城市的运转，让城市日渐生色。互联网时代的到来，在城市物理空间之上叠加了一重无形的网络空间，从此守护一座城市就具有了双重意义。就像土地承载着建筑、道路和生命，网络安全保护工作也在默默地守护着城市网络空间的安全、秩序和未来。

　　安恒信息刚刚过完15周年的生日，我们一直在路上、我们一直力求做得更好！在各座城市举办的国家级重要赛事、活动的网络安全保障服务工作中都少不了安恒人的身影。辗转城市间，腾挪岁月中，为了维护网络空间安全秩序这一使命，我和我的团队以守护之名见证了伟大祖国的飞速崛起，亲历了一座座城市的繁华与活力，参与了城市网络空间的防御体系建设。

　　从2008年北京奥运会，2010年广州亚运会，到2011年深圳世界大运会，2014年南京青奥会，再到筹备中的杭州亚运会，安恒信息参与了众多大型体育赛事的网络安全保护工作，此外，安恒信息还参与了多项大型国际会议和活动的网络安全保护工作，包括历届乌镇世界互联网大会、2010年上海世博会、2019年中国国际进口博览会等。安恒人所到之处，带给大家的就是安全的信心。"网络信息安全，交给安恒就好！"是我们一贯追求的目标。

　　行万里路，破万卷书，前行的路上，我们一直在思考、总结。这本书基于我们参与众多体育赛事安全保护工作的经验总结，对体育场馆信息化建设、网络安全系统设计、体育赛事通信网络安全建设等内容，进行了全面而详细的讲解，是一本不可多得的针对体育赛事的信息化系统建设专业指导书籍。同时，这本书对于其他行业的大型活动、会议的信息化建设、网络安全系统设计等，也同样有很好的借鉴作用。

从北京冬奥会到筹备中的杭州亚运会，中国举办的国际赛事全面进入智能化时代，体育赛事对网络安全的要求，对城市治理水平的要求，无疑越来越高，我很欣赏这本书里的一段文字，"一场运动会，既是一场盛会，也是一次城市治理水平的考验"。狂欢过后，不应该留下的只有记忆，就网络安全而言，重视并且做好网络安全遗产组织工作意义非凡。将安全运行转为安全运营，将安全能力赋能数字改革，让经验转化成机制，让网络安全人才继续为城市网络安全护航。以明书义，以为序言，以飨读者。

安恒信息 范渊

2022 年 6 月 10 日

目 录

第一部分 体育赛事信息化建设

第1章 信息系统 ... 3
  1.1 赛事成绩系统（GRS） ... 3
  1.2 赛事管理系统（GMS） ... 15
  1.3 赛事支持系统（GSS） ... 22
  1.4 主运行中心（MOC） ... 24

第2章 云计算中心 ... 26
  2.1 总体架构 ... 26
  2.2 网络资源池 ... 27
  2.3 计算资源池 ... 30
  2.4 存储资源池 ... 32
  2.5 灾备方案 ... 35

第3章 通信网络 ... 37
  3.1 竞赛专网 ... 38
  3.2 互联网 ... 40
  3.3 转播专网 ... 41

第二部分 体育赛事网络安全保障

第4章 网络安全组织 ... 45
  4.1 网络安全工作的组织 ... 45
  4.2 网络安全法律、法规对组织的要求 ... 46
  4.3 网络安全领导小组的目标和职责 ... 46
  4.4 网络安全领导小组的构成 ... 47
  4.5 网络安全领导小组主要里程碑和协调事项 ... 47

第5章 网络安全总体架构 ... 48
  5.1 总体安全需求理解 ... 49
  5.2 总体技术架构设计的原则 ... 50
  5.3 网络安全体系设计 ... 51
  5.4 赛事运行网络安全设计 ... 56

第6章 场馆网络安全建设 ... 59
  6.1 场馆分类要求 ... 59
  6.2 场馆网络安全设计思路 ... 60
  6.3 场馆网络拓扑设计 ... 60
  6.4 场馆机房通用物理安全设计 ... 65
  6.5 场馆竞赛专网安全建设 ... 66
  6.6 场馆管理专网安全建设 ... 73

第7章 场馆网络安全运行 ... 79
  7.1 安全运维 ... 79
  7.2 安全值守保障 ... 80

第 8 章 网络安全管理指挥中心 81
- 8.1 总体设计思路 81
- 8.2 云上服务安全管理 82
- 8.3 资产管理与识别 82
- 8.4 数据采集与处理 83
- 8.5 威胁分析与检测 84
- 8.6 网络监测与溯源 85
- 8.7 数据安全监控 86
- 8.8 本地化威胁情报管理 87
- 8.9 态势感知与告警 87
- 8.10 指挥调度 88
- 8.11 通报流程 90

第 9 章 云计算中心安全 91
- 9.1 总体设计思路 91
- 9.2 安全物理环境 91
- 9.3 安全通信网络 92
- 9.4 安全区域边界 93
- 9.5 安全计算环境 94
- 9.6 虚拟化安全 96
- 9.7 云平台安全管理中心 98

第 10 章 网络安全管理体系 99
- 10.1 网络安全管理体系的内容 99
- 10.2 网络安全管理体系的组成 100
- 10.3 等级保护定级建议 102

第 11 章 网络安全检测 104
- 11.1 渗透测试 104
- 11.2 源代码安全审计 106
- 11.3 众测与钓鱼测试 107
- 11.4 红蓝对抗 107
- 11.5 配置核查与后门检查 108
- 11.6 数据安全评估 108

第 12 章 网络安全应急体系 110
- 12.1 网络安全应急误区 110
- 12.2 网络安全应急原则 111
- 12.3 网络安全应急工作组织 112

第 13 章 供应商 / 供应链安全 114
- 13.1 供应商和供应链网络安全管理 115
- 13.2 供应商和供应链安全基线 116
- 13.3 供应商和供应链攻击防护 117

第 14 章 城市网络安全遗产思考 120

技术术语 123

第一部分　体育赛事信息化建设

大型综合性体育赛事信息系统与通信网络担负着比赛成绩的采集、整合、传输、发布，以及赛事的组织管理、指挥调度等工作。信息系统分为赛事成绩系统、赛事管理系统、赛事支持系统和主运行中心系统体育赛事信息化架构图 1-1 所示。云计算中心为信息系统提供计算、存储、网络出口等承载资源池。通信网络是信息系统采集、整合、发布数据的传输通道，主要包括竞赛专网、管理专网、转播专网、互联网。

主运行中心系统												
赛事成绩系统					赛事管理系统				赛事支持系统			
竞赛报名系统	场馆成绩系统	中央成绩系统	竞赛视频系统	成绩发布系统	注册管理系统	抵离管理系统	礼宾管理系统	志愿者管理系统	其他系统	IT事件管理系统	视频会议系统	赛事通信系统	综合显示系统

云计算中心

竞赛专网、管理专网、转播专网、互联网（Wi-Fi）

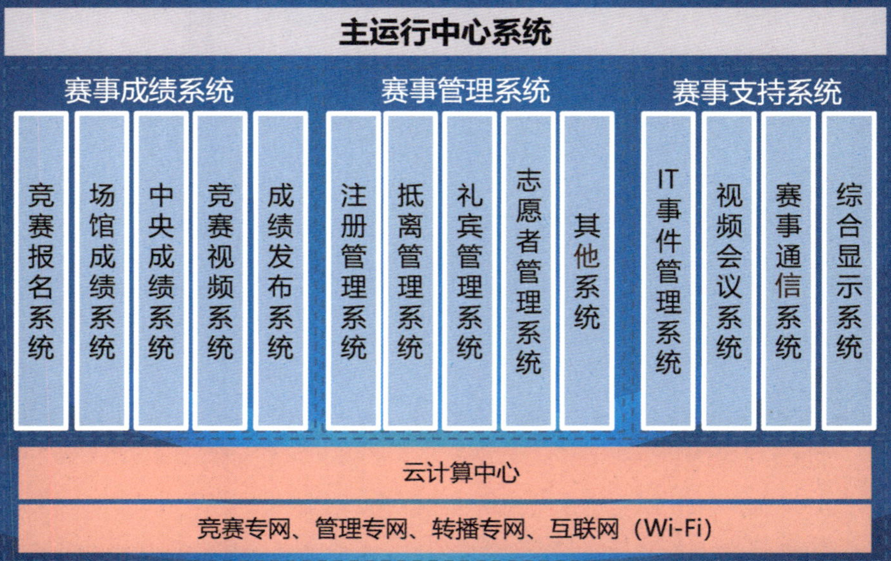

图 1-1

第1章 信息系统

根据国际大学生体育联合会（FISU）、亚洲奥林比克理事会（OCA）等国际体育赛事管理机构发布的指导性文件，以及近年作者参与的大型综合性赛事信息系统建设的经验，承办城市为赛事建设的信息系统可以根据建设主体、运行时长分为三类：赛事侧、场馆侧、城市侧。

赛事侧系统包括赛事成绩系统（Games Results System，GRS）、赛事管理系统（Games Management System，GMS）、赛事支持系统（Games Support System，GSS）、主运行中心（Main Operation Centre，MOC）、赛事门户网站、售票系统、特许商品查询系统、注册卡制验证系统等赛事执委会建设的系统，是根据赛事规律，与赛事强关联，每届赛事均会建设，赛事结束后下线的信息系统。

场馆侧系统包括场馆业主单位自行建设的办公系统，门禁，视频监控，扩声、照明、电力、升降旗的控制，道闸控制，停车场管理，标准时钟等赛事结束后仍会继续使用的信息系统。

城市侧系统主要是承办城市相关政府部门为赛事提供保障而建设的系统，如公安局、交通运输局、120指挥中心、气象局、通信管理局建设的大型活动指挥调度保障类系统、场馆视频监控平台、公众通信指挥调度平台等。

本章主要介绍赛事侧系统中与成绩的采集、整合、发布和赛事指挥调度紧密相关的赛事成绩系统（GRS）、赛事管理系统（GMS）、赛事支持系统（GSS）、主运行中心（MOC）等赛事信息系统（Games Information System，GIS）。

1.1 赛事成绩系统（GRS）

赛事成绩系统（GRS）是赛事信息化系统的核心组成部分，是一个整合硬件平台、网络通信平台、数据库平台、工具平台、应用软件平台等各类资源形成的，分工协作、有机统一的，高效、完整、开放、先进的竞赛信息处理系统。它担负着赛事准备与运行期间的运动员竞赛报名、竞赛组织管理、比赛现场计时记分、成绩处理、信息发布与查询等多种任务，是确保赛事各项工作高效、顺利运行的技术服务与保障系统。赛事成绩系统（GRS）一般由竞赛报名系统（Sport Entries System，SES）、场馆成绩系统（Venue Results System，VRS）、中央成绩系统（Central Results System，CRS）、竞赛视频回放系统（Competition Video Replay System，CVRS）、成绩发布系统（Results Distribution Systems，RDS）等5类组成。

1.1.1 竞赛报名系统（SES）

竞赛报名系统（SES）为各国代表团成员（运动员、随队教练、随队队医等）的项目、人员数量、人员信息等提供线上报名服务。竞赛报名系统（SES）按竞赛规程提供相应的报名限制，以降低工作人员工作量和提高报名信息的准确度，并便于代表团核对报名数据。该系统（人员信息报名）部署于云计算中心，需在赛前6～10个月上线，以减少赛时临时报名的工作量。

1.1.2 场馆成绩系统（VRS）

1. 系统功能

场馆成绩系统（VRS）的主要功能是处理赛事成绩。以各场馆为基础，围绕竞赛管理、赛事编排、比赛进程控制、成绩处理、现场成绩发布等各个环节，为赛事提供高效、稳定的服务。场馆成绩系统（VRS）是赛事成绩系统的核心子系统，分散在各比赛现场并直接为各项目的竞赛管理和现场比赛服务。它直接参与竞赛指挥管理和裁判员工作，属于裁判员工作序列，是竞赛组织管理工作不可或缺的一部分。场馆成绩系统的运行情况直接决定比赛项目能否顺利地进行。

比赛项目的独立性和特殊性决定了每个竞赛项目都有专门定制的场馆成绩系统，要求所有场馆成绩系统既要满足各竞赛项目的规则，又要满足赛事主办机构（如：OCA、FISU、IOC等）对各竞赛项目的特殊规程，同时还需满足每个项目独特的工作流程要求。场馆成绩系统（VRS）包括：计时记分系统（Timing & Scoring，T&S）、现场成绩处理系统（On Venue Results System，OVR）、技术统计系统（Technical Statistic，TST）、公共显示屏控制系统（Public Scoreboard，PSCB）、电视字幕系统（TV Graphics，TVG）、评论员信息系统（Commentator Information System，CIS）六类系统。在测试赛前，计时记分系统（T&S）、现场成绩处理系统（OVR）、技术统计系统（TST）、公共显示屏控制系统（PSCB）、电视字幕系统（TVG）会针对测试赛特定规程进行定制开发，并在测试赛期间部署于竞赛场馆服务器。针对正式赛特定规程的开发的系统，通常将在正式赛前1～2个月（系统联调、联合演练、正式赛运行保障）部署于竞赛场馆服务器，并将数据定期通过竞赛专网上传云计算中心。

计时记分系统（T&S）是根据各比赛项目要求的工作集合体，是多台（套）设备、多种技术集合、多运行地点同时工作的一整套技术系统。系统组合灵活，使用环境多样。直接配合比赛核心的裁判工作，是高级别赛事产生成绩和纪录的唯一基准。按照设备种类划分，计时记分系统（T&S）可以分为计时设备、评分设备、记分设备和信息显示设备等。

成绩处理系统（Result Processing System，RPS）运行于比赛场馆服务器，是负责现场成绩处理的所有协同技术系统的总称。其主要功能是协助现场竞赛组织与管理（包括编排赛程计划、运动员报名报项管理）、成绩采集与成绩处理（如接收计时记分设备的成绩或手工现场成绩录入并进行排名、晋级等处理）、现场信息交换与信息发布。成绩处理系统（RPS）组成模块及功能如表1-1所示。

表1-1

序号	模块	功能
1	成绩数据采集系统（RDE）	完成计时记分设备输入接口和手工录入功能
2	现场成绩处理系统（OVR）	负责基础信息维护，现场数据采集、成绩计算处理
3	现场成绩数据库（VDB）	存储场馆成绩数据
4	本地成绩打印模块（LRP）	本地报表打印
5	数据交换系统（DXM）	负责成绩处理系统（RPS）各子系统的数据和文件的交换

技术统计系统（TST）主要应用于篮球、足球等球类项目的进球、抢断、犯规、得分、红黄牌等现场统计数据的采集和分析。在比赛过程中，由技术统计裁判或者指定技术操作员负责技术统计系统的现场操作，并通过与数据交换系统的数据接口，实时地将比赛数据发送给数据交换系统进行后续处理。技术统计系统要接收计时记分系统提供的实时比赛时间信号，每次技术统计操作的时间都会被记录，使技术统计项的发生时间与实况保持一致。

公共显示屏控制系统（PSCB）用于为现场的观众提供当场的赛事信息，如编排秩序信息、实时成绩、实时技术统计、比赛成绩信息、颁奖信息等，是场馆内所有观众获得比赛信息的最主要渠道。由于公共显示屏控制系统（PSCB）具有赛事流程控制功能，对于需要同时显示赛前气氛营造、观众进出场指引等多种内容的场馆，赛事执委会将安排体育展示人员进行公共大屏控制工作，由体育展示人员决定何时显示什么内容，保证显示屏控制工作与竞赛工作的协调一致，公共显示屏控制系统的操作人员将配合体育展示人员进行显示屏的控制。该系统接收成绩处理等数据，其作用是对外发布其他子系统提供的成绩信息及规则要求实时显示的信息，系统自身并不进行数据处理工作，系统的主要开发工作是提供各种显示模板，以及配合体育展示提供合理的显示工作流程。

电视字幕系统（TVG）包括电视图像（TV Graphics）与字符生成（Character Generator），是多套分布于各个竞赛场馆的、具有广播级高清晰度或标准清晰度电视信号输出的、可独立运行的 AV-IT 系统，部署于场馆服务器。电视字幕系统（TVG）将赛事的计时记分、竞赛编排与成绩处理的实时信息通过竞赛专网，以广播级电视图像形式（即电视字幕）及时提供给电视观众。

评论员信息系统（CIS）在比赛期间为现场转播评论员实时提供当前成绩信息，方便评论员对比赛进行更详尽的现场报道，评论员通过评论席上设置的计算机设备访问评论员信息系统（CIS）。在比赛的任何阶段、任何比赛场馆，评论员都可以通过评论员系统获取不同项目、不同比赛场馆的实时成绩、奖牌数据、比赛进程及日常比赛工作时刻表等信息，随时了解比赛的情况。评论员系统提供的信息包括竞赛日程、出场秩序、比赛成绩、成绩汇总等，该系统部署于云计算中心，评论员终端通过竞赛专网接入该系统。

2．业务处理流程

单场比赛前，成绩处理系统（RPS）通过现场成绩处理系统（OVR）编排秩序单（Start List），并通过本地成绩打印（Local Results Print，LRP）模块打印后提交编排记录人员进行确认，之后通过数据交换模块（Data Exchange Module，DXM）、竞赛专网上传秩序单至中央成绩系统。

单场比赛期间，计时记分系统（T&S）通过竞赛专网实时地将时钟信息发送给电视字幕系统。比赛成绩产生后，将成绩信息发送给现场成绩处理系统（OVR），并通过该系统提供给电视字幕系统（TVG）、公共显示屏控制系统（PSCB），供转播系统和现场大屏幕使用。部分项目的技术统计系统将实时统计信息发送给实时成绩采集模块，经现场成绩处理系统（OVR）处理后导入成绩处理系统数据库中。

单场比赛结束后，现场成绩处理系统（OVR）根据本项目竞赛规则与规程，将运动员的比赛成绩处理后，生成成绩单（Result List），然后将成绩数据通过数据接口分发给其他子系统，并通过数据交换模块、竞赛专网上传至中央成绩系统。业务处理流程如图 1-2 所示。

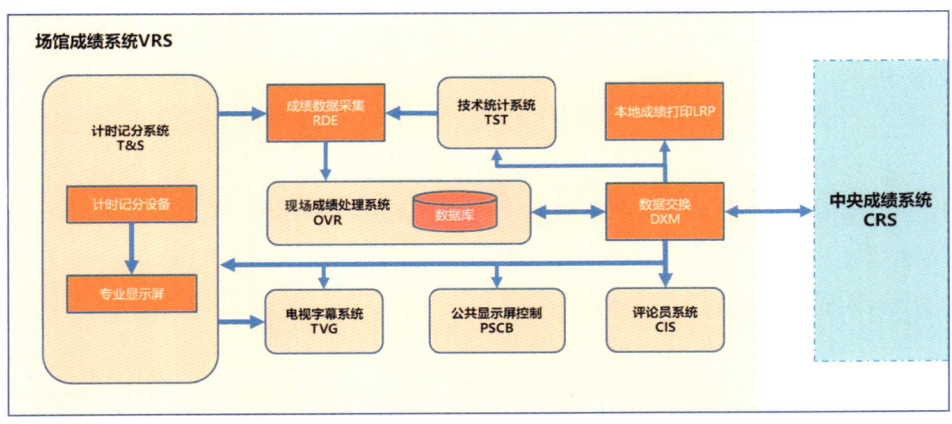

图 1-2

3. 田径赛的场馆成绩系统（VRS）示例

田径（Track and Field）或称田径运动，是田赛、径赛和全能比赛的全称。现代田径运动的分类不同，主要包括竞走、跑、跳跃、投掷，以及由跑、跳跃、投掷的部分项目组成的全能运动，共计四十多项。田径赛的场馆成绩系统（VRS）直接服务于竞赛的比赛数据采集处理系统，通过摄像、测量、监测等方式采集比赛的成绩信息，按照竞赛规则、规程的要求生成最终成绩和排名信息，并向中央成绩系统（CRS）等其他系统实时提供比赛数据。田径赛的场馆成绩系统（VRS）场地部署示例如图 1-3 所示。

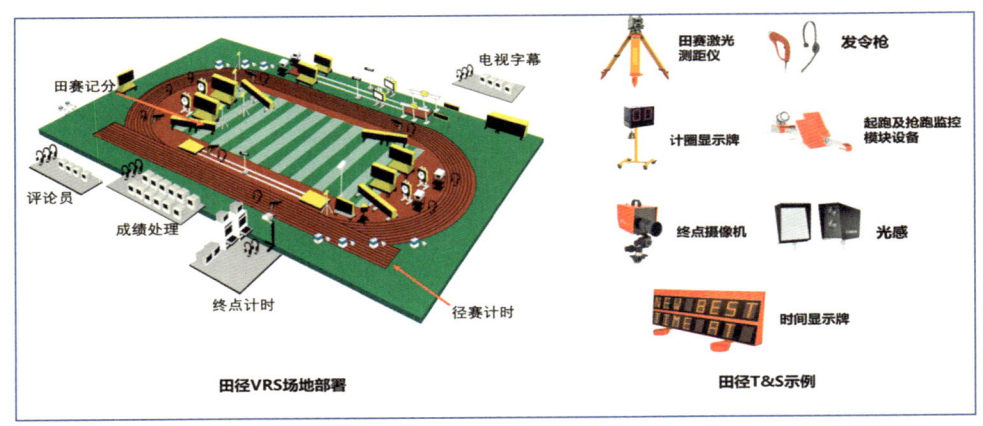

图 1-3

在田赛记分、径赛计时区域分别安装激光测距仪、计时器、显示牌等计时记分设备；在终点计时区域安装终点摄像机，并实时上传径赛成绩。在成绩处理（Score Processing，SP）模块，工作人员登录现场成绩处理系统，实现现场成绩信息的采集、整合、转发；在评论员区域，电视媒体派驻现场的评论员进行现场比赛情况的实时解说；在电视字幕区域，工程师将现场成绩数据添加至电视字幕模板之后传送给电视媒体的字幕机。

田径计时记分系统（T&S）包括田赛计时记分系统（T&S）和径赛计时记分系统（T&S）。田赛计时记分系统（T&S）包括激光测距模块、田赛显示模块、田赛风速测量模块等。径赛计时记分系统（T&S）包括发令模块、抢跑监测模块、终点摄像计时模块、显示模块、径赛风速测量模块等。

田径公共显示屏控制系统利用场馆大屏（一块或者两块）作为公共大屏，向现场观众展示竞赛日程、出场秩序单、成绩信息及奖牌获得者等信息。田径公共显示屏控制系统显示模板清单如表1-2所示。

表1-2

编码	英文名称	中文名称
AT01	Competition Schedule	竞赛日程
AT02	Start List	出场秩序单
AT03	Results（Track Events）	径赛成绩公告
AT04	Results（Field Events）	田赛成绩公告
AT05	Medallists	奖牌获得者

田径电视字幕系统显示模板清单如表1-3所示。

表1-3

编码	英文	中文名称
AT001	Welcome	项目标题
AT002	Venue ID	场馆信息
AT003	Weather	天气介绍
AT004	Event Schedule	今日赛程
AT005	Event ID	项目介绍
AT006	Athlete ID	运动员介绍
AT007	Lane ID	运动员介绍（含道次）
AT008	Track-Start List by Lane	径赛—出场名单（含道次）
AT009	Track-Start List	径赛—出场名单
AT010	False Start ID	运动员抢跑
AT011	Race Clock and Records	比赛计时及记录
AT012	Wind Speed	风速
AT013	Race Clock at Lap Point	剩余圈数
AT014	Result	运动员/代表队成绩
AT015	Winner ID	运动员/代表队成绩排名
…	…	…

田径评论员信息系统（CIS）显示模板清单如表 1-4 所示。

表 1-4

编　码	英　文	中文名称
SCH01	Schedule	竞赛日程
ATSL01	Start List（Individual）	出场秩序单（单人）
ATSL07	Start List（Relay events）	出场秩序单（接力赛）
ATR01	Results（Individual Track - with clocks）	成绩（径赛带反应时间）
ATR03	Results（Individual Tack - without clocks）	成绩（径赛不带反应时间）
ATR07	Results（Relays）	成绩（接力赛）
ATR21	Vertical Jumps	跳高
ATR31	Horizontal Jumps	跳远
ATR41	Throws	投掷
ATC01	Summaries（Individual）	成绩汇总（单人项目）
ATC07	Summaries（Relays）	成绩汇总（接力赛）

1.1.3 竞赛视频系统（CVS）

竞赛视频系统（Competition Video System，CVS）是在安全的高 QoS 网络上实现竞赛视频服务，根据比赛项目、比赛场馆和比赛类型的不同，为在现场的运动员、教练员、裁判员和不在比赛现场的贵宾、指挥、管理和决策人员（如：执委会秘书长、技术运行中心主任、竞赛指挥中心主任等）提供更加直观的竞赛监控、仲裁录像、闭路电视和比赛成绩信息，以便上述人员更好地了解赛事进程。竞赛视频系统以更加直观的可视方式提供竞赛视频信息。竞赛视频系统（CVS）通常将在正式赛前 1～2 个月（系统联调、联合演练、正式赛事运行保障）部署于竞赛场馆服务器，并将视频数据定期通过竞赛专网上传到云计算中心。竞赛视频系统（CVS）包括竞赛监控系统、仲裁录像系统、视频直播系统、竞赛闭路系统，如图 1-4 所示。

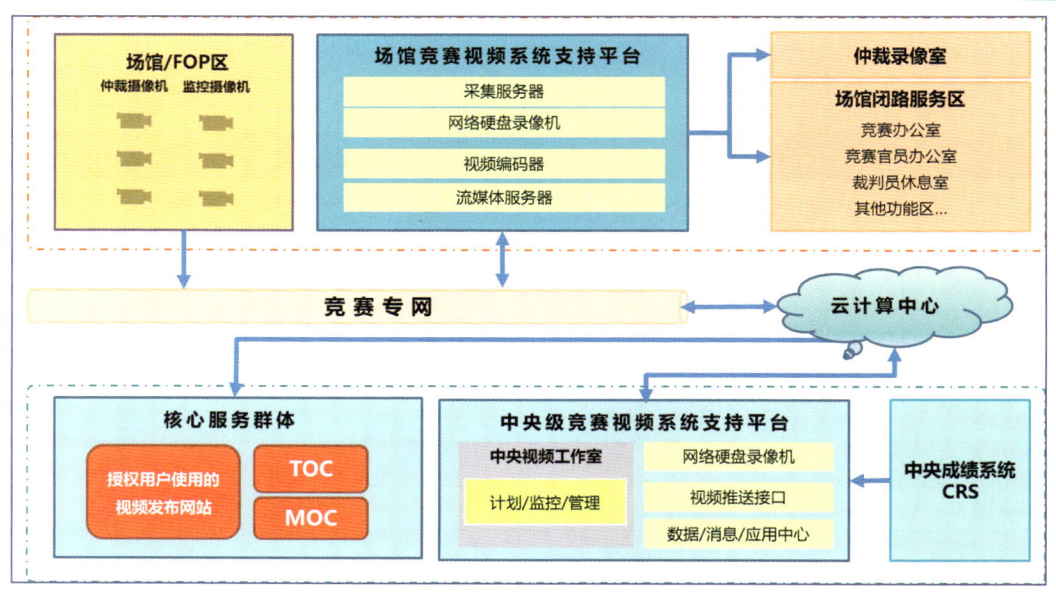

图 1-4

竞赛监控系统：对比赛场地进行实时监控，主要功能包括比赛现场视频信号的采集储存，中央视频信号的编码、储存、解码、管理和分发，最终将视频信号传输至技术运行中心（Technology Operation Center，TOC）和主运行中心（MOC）的显示终端进行播放。

仲裁录像系统：通过前端比赛视频图像的编码采集，将视频图像进行储存；制定相应的数据接口将仲裁录像信号传输给相应需求单位；最终根据裁判的需求对有争议的判罚进行实时回放。

视频直播系统：该系统是完成音频信号的采集、竞赛数据的融合、直播信号的制作；中央层级的主要功能是综合管理、CDN 发布、内容储存和运行监控等；发布端的主要功能是视频发布，最终通过竞赛视频工作室大屏、特定用户的手机端和计算机设备端进行比赛直播。

竞赛闭路系统：该系统从竞赛监控、视频直播、主转播机构获取视频信号源，制定相应数据接口，对接口接收的数据进行管理、监控、分发，最终将接收的各类视频信号，根据实际需要在检录区、运动员热身区、贵宾休息室、裁判员工作室等功能区安装 LED、平板电视等显示终端供自主选择播放。

1.1.4 中央成绩系统（CRS）

中央成绩系统（CRS）是综合性体育赛事与单个项目的赛事（如某个项目的世界锦标赛）的重要区别标志，也是赛事成绩系统（GRS）的核心部分和综合业务系统。

中央成绩系统（CRS）需收集竞赛报名系统（SES）、场馆成绩系统（VRS）的竞赛信息（主要是成绩信息），经加工处理后为场馆成绩系统（VRS）、成绩发布系统（RDS）等其他系统提供综合赛事信息服务。该系统通常于正式赛前 1～2 个月（系统联调、联合演练、正式赛运行保障）部署于云计算中心。中央成绩系统（CRS）由公共代码与通信协议、数据通信平台、核心管理系统、综合成绩处理系统和中央数据资源库等 5 个功能模块组成。

（1）公共代码与通信协议：提供竞赛信息系统内部及可能用到的与外部系统之间进行通信的基础协议和数据代码。

（2）数据通信平台：承载中央成绩系统数据的流入/流出和管理功能，是连接综合应用系统和现场应用系统的枢纽。

（3）核心管理系统：主要完成中央成绩系统的各种管理和配置工作，包括编码管理、应用安全管理、赛事配置管理等。

（4）综合成绩处理系统：完成中央成绩系统的各种计划、安排与数据自动处理，包括赛事计划管理、分数计算、赛事纪录管理等。

（5）中央数据资源库：存储中央成绩系统的所有数据。

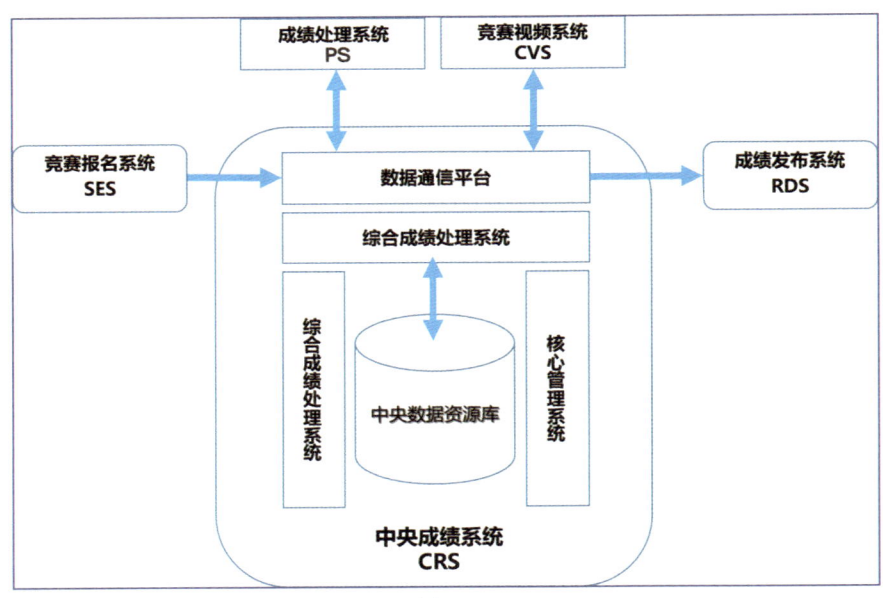

图 1-5

中央成绩系统（CRS）具备以下技术特点。

（1）数据处理及时。在赛事运行服务期间，中央成绩系统（CRS）需要汇集来自各现场成绩处理系统（OVR）的成绩数据，并为成绩发布系统（RDS）使用。因此，中央成绩系统（CRS）需从两方面满足赛事的及时性。

① 在一个事务内接收与处理现场成绩处理系统（OVR）的数据。例如，接收来自一个现场成绩处理系统（OVR）的项目的名次公告时，需要处理该比赛小项的名次数据，因此必须设置数据处理事务，在处理某一数据项时，使相关联动统计数据一次性更新完成，而无须人工监控与手动干预。

② 及时通知成绩发布系统（RDS）更新发布成绩信息。中央成绩系统（CRS）的任何与成绩发布有关的数据更新，都在消息库中建立对应的消息。成绩发布系统（RDS）可及时获得中央成绩系统（CRS）的数据更新，并有针对性地提取变化部分，以及时更新所需发布的成绩信息。

（2）系统运行稳定。中央成绩系统（CRS）的稳定性设计包括以下三个层次。

① 中央成绩系统（CRS）软件系统本身的稳定性。

② 中央成绩系统（CRS）与现场成绩处理系统（OVR）、成绩发布系统（RDS）等其他系统进行数据通信与数据交换的稳定性。

③ 中央成绩系统（CRS）的服务器、存储设备、交换机等硬件设备与性能的冗余设计，必须足以经受得住任何高峰峰值的冲击。

（3）数据操作安全。在赛事运行期间，众多的系统需要与中央成绩系统（CRS）进行数据交互，因此要对所有操作人员的权限和行为进行有效控制。此外对具体业务数据设置控制状态，以控制数据操作行为。

（4）可配置可管理。设置单独的管理模块，对中央成绩系统（CRS）进行集中配置。中央成绩系统（CRS）的任何业务数据对中央成绩系统（CRS）应用程序来说都是可视、可管理的，且任何操作必须可追溯。

1.1.5 成绩发布系统（RDS）

成绩发布系统（RDS）的功能是为赛事官方网站、主运行中心（MOC）、第三方系统等订阅者提供统一、规范的数据源，同时也是赛会成员、媒体、公众等获得竞赛信息的主要渠道。成绩发布系统由以下几个分系统组成。

（1）内部竞赛核查系统：为大家庭提供信息服务，如运动员简介、竞赛成绩、日程安排、赛场通告等。

（2）官方网站竞赛信息发布系统：该系统承担着官方网站竞赛发布单元的竞赛表单及竞赛数据的动态发布工作，该系统部署到赛事官方网站中，由官方网站负责对外统一发布。

（3）移动竞赛信息发布系统：支持可在手机端查询赛事信息的移动端 App，可进行竞赛赛程和赛果及竞赛数据的查询。

（4）信息发布接口：面向官方网站、主运行中心（MOC）和第三方系统等提供竞赛信息的数据交换接口。

成绩发布系统所涵盖的信息包括运动员资料、竞赛成绩、赛程安排、比赛清单、竞赛进度、排名结果、统计信息、实时成绩等。该系统提供的主要服务内容如下。

（1）静态成绩发布：中央成绩系统（CRS）将公共代码与通信协议、运动员和裁判员报名报项信息及各项目的赛程计划下发给成绩发布系统（RDS），由成绩发布系统（RDS）对外发布所有静态信息。静态信息在赛前即准备完成，包括本届赛事信息、代表团信息、运动员信息、运动员参赛报项信息、场馆信息等。

（2）动态成绩发布：中央成绩系统（CRS）从场馆成绩系统（VRS）汇总并处理的各竞赛项目的最新成绩发送至成绩发布系统（RDS），由成绩发布系统（RDS）对外发布所有的动态信息。动态信息是在赛时运行期间产生的竞赛成绩信息，随着比赛的继续，动态信息将越来越丰富。

1.1.6 赛事成绩系统（GRS）业务处理流程

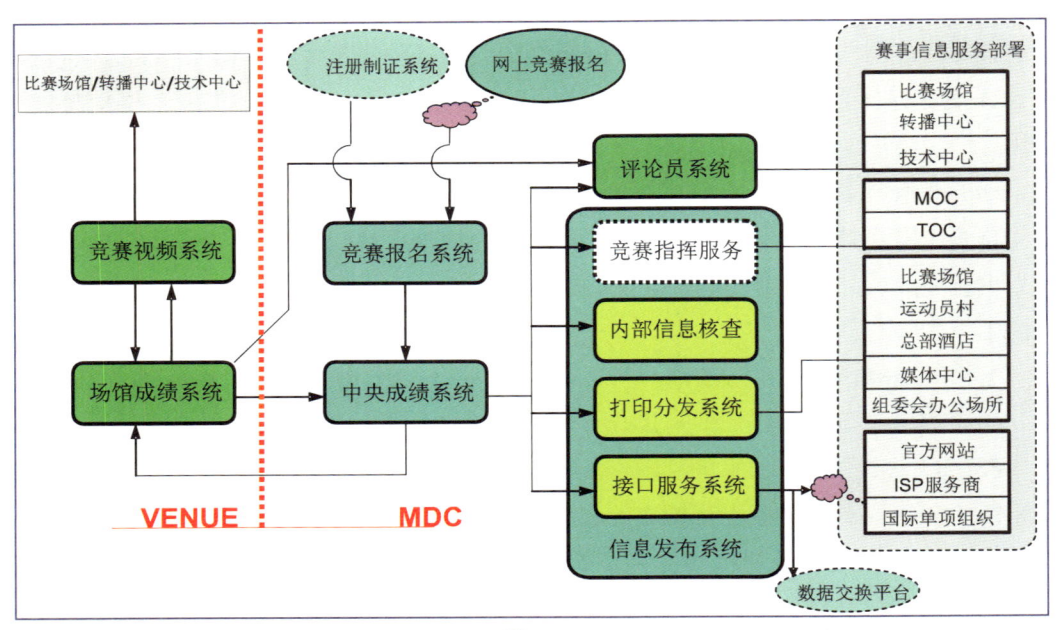

图 1-6

1. 赛前 6 个月（人员信息报名）

竞赛报名系统（SES）通过网上竞赛报名获取运动员的报名报项信息，并从注册管理（ACR）系统获取人员注册信息。

2. 赛前 1 个月

各项目场馆成绩系统（VRS）从中央成绩系统（CRS）下载人员注册资料和赛程大纲，

并向中央成绩系统（CRS）上传本项目详细赛程计划和本项目的秩序单。

（1）公共代码与基础数据管理：场馆成绩系统（VRS）从中央成绩系统（CRS）中央数据库下载公共代码与通用基础数据，确保各场馆成绩系统（VRS）项目的数据共享与交换代码的一致性。

（2）报名报项管理：竞赛报名系统（SES）将报名信息写入中央成绩系统（CRS），场馆成绩系统（VRS）根据本项目设置的比赛项目代码，从中央成绩系统（CRS）中央数据库下载本项目所有运动员资料和报项资料；现场成绩处理系统（OVR）打印运动员花名册（Entry List）、运动员报项表（Entry by Event）及运动员报名报项的各类统计表。在赛前的各参赛队领队会议（代表团团队）进行确认，并将修改结果录入场馆成绩系统（VRS）数据库。

修改运动员报名报项资料后还需对中央成绩系统（CRS）的中央数据库进行更新，以确保全部数据和其他信息发布的内容与现场赛前所最终确认的一致。

（3）赛程计划管理：场馆成绩系统（VRS）从中央成绩系统（CRS）的中央数据库下载总赛程计划及本项目赛程计划。在此基础上，场馆成绩系统（VRS）根据本项目的赛事代表团与参赛运动员资料（Entry List）和报项资料（Entry by Event），进行本项目详细赛程计划的编排。结果上传中央成绩系统（CRS）中央数据库，供信息发布之用。

（4）报表计划管理：在编排详细赛程计划的基础上，场馆成绩系统（VRS）还需要编排每个赛程计划中所需打印和发布的计划，如秩序单、成绩单、预赛综合成绩单。计划编排完成后，由场馆成绩系统（VRS）将其上传至中央成绩系统（CRS）的中央数据库中。

3. 小项比赛期间

场馆成绩系统（VRS）中采集并存储实时成绩数据，将分发给公共显示屏控制系统（PSCB）、评论员信息系统（CIS）、中央成绩系统（CRS）等系统。同时，竞赛视频系统（CVS）实时采集所有场次的视频信息，为现场裁判员提供实时准确的仲裁录像信息，也为特定人员和机构提供竞赛视频直播和点播服务。成绩发布系统（RDS）根据消息通知，从中央成绩系统（CRS）中获取所需要发布的数据，并根据需要提供给竞赛指挥、内部竞赛信息核查等系统使用。

（1）秩序单：每场比赛前，场馆成绩系统（VRS）需要编排秩序单（Start List），打印后提交给负责编排记录的工作人员（属于裁判员团队）进行确认。之后场馆成绩系统（VRS）将其上传至中央成绩系统（CRS）的中央数据库。

（2）实时滚动时间：一些计时、限时类项目，计时设备实时地将时钟信息发送给电视字幕系统（TVG）和公共显示屏控制系统（PSCB），供转播和现场大屏使用。

（3）实时成绩信息：计时记分设备或球类的技术统计系统将实时成绩发送给现场成绩处理系统（OVR）的实时成绩采集接口，现场成绩处理系统（OVR）对其进行处理后导入场馆成绩系统（VRS）数据库中。

（4）成绩单：单场比赛结束后，场馆成绩系统（VRS）根据本项目竞赛规则与规程，将运动员的比赛成绩处理后，生成成绩单（Result List）并将成绩数据通过现场成绩处理系统（OVR）的数据接口分发给其他子系统，并上传到中央成绩系统（CRS）的中央数据库。

现场成绩单经裁判长签字确认后，场馆成绩系统（VRS）处于中央成绩系统（CRS）中央数据库更新成绩单的状态。从"官方"（Official）状态临时变更为"非官方"（Unofficial）状态。

（5）综合成绩单：它是一个比赛阶段结束后的汇总性成绩单，即将数组或一轮内的数场比赛，进行综合处理后提供的成绩单。与单场成绩单不同，综合成绩单一般需要先经裁判长签字确认，再通过现场成绩处理系统（OVR）的接口给相关子系统，同时上传到 CRS 的中央数据库。

（6）名次公告：场馆成绩系统（VRS）在单项的比赛小项赛程全部结束后，打印名次公告，经裁判长签字确认后，通过现场成绩处理系统（OVR）的接口分发给相关子系统，同时上传到 CRS 的中央数据库。

4．小项比赛后

（1）破纪录公告：如果有破纪录的比赛项目，则必须在每场比赛结束后打印破纪录报表，并在全部比赛小项结束后出一份破纪录的综合报表。

（2）奖牌清单与奖牌统计报表：每个比赛项目在全部比赛小项的比赛结束后，需要打印奖牌清单与奖牌统计报表。

1.2 赛事管理系统（GMS）

赛事管理系统（GMS）是辅助赛事执委会对外提供服务的多个职能领域进行管理的各子系统的总称。该系统为赛事的准备、组织、管理工作提供信息化服务。通常采用"建、用分离"的模式，由注册管理、抵离管理、礼宾服务、志愿者管理、运动员村管理等职能领域组成，要求明确业务需求，并按照信息技术职能归口建设。

大型综合性体育赛事涉及竞赛项目、礼宾服务、抵离管理等近 80 个职能领域，是承办城市的一项重大工程，需要政府及各方力量支持。赛事管理系统（GMS）是集工程建设、运行为一体的系统服务，因每届赛事的业务需求差异较大，对此类系统的关注点应在线下业务流程和线上数据流向的匹配、系统响应和服务结果，而不只是技术手段和技术细节。根据各业务部门需要,赛事管理系统(GMS)至少包括注册管理(ACR)、抵离管理(ADP)、志愿者管理(VLM)、运动员村管理(AVM)4 个系统。

1.2.1 注册管理(ACR)

赛事期间,为了能对各代表团成员、技术官员、贵宾、媒体记者、赛事保障等 5 类人员进出竞赛场馆、运动员村、主媒体中心、总部酒店等竞赛和非竞赛场馆进行身份鉴别和确认,需要通过人员注册工作确保上述人员获得必要权限以履行其职责。完成执委会要求的注册程序后,所有注册人员均可获得一张由执委会签发的注册官方证明文件——身份注册卡。注册人员凭借身份注册卡可顺利进入得到授权允许进入的场馆和区域,并具有执委会赋予的相应权利。执委会负责确定哪些人员有权使用身份注册卡、规定批准及发放身份注册卡的条件、身份注册卡的制作及管理,并将身份注册卡发放给获得注册资格的人员。

注册管理(ACR)系统,主要由执委会注册中心使用。该系统为注册中心工作人员提供注册证件信息的前端采集与分发管理等功能,如图 1-7 所示。此系统面向前面所述的 5 类人员,通过注册申请实现人员信息的采集与注册证件的管理,通过数据审核实现外事部门的签证审核,通过数据交互帮助公安部门的证件管理中心进行背景审查,通过证件管理实现注册证件的接收、激活、分发管理。该系统部署于云计算中心,通常应在赛前 6～10 个月上线。

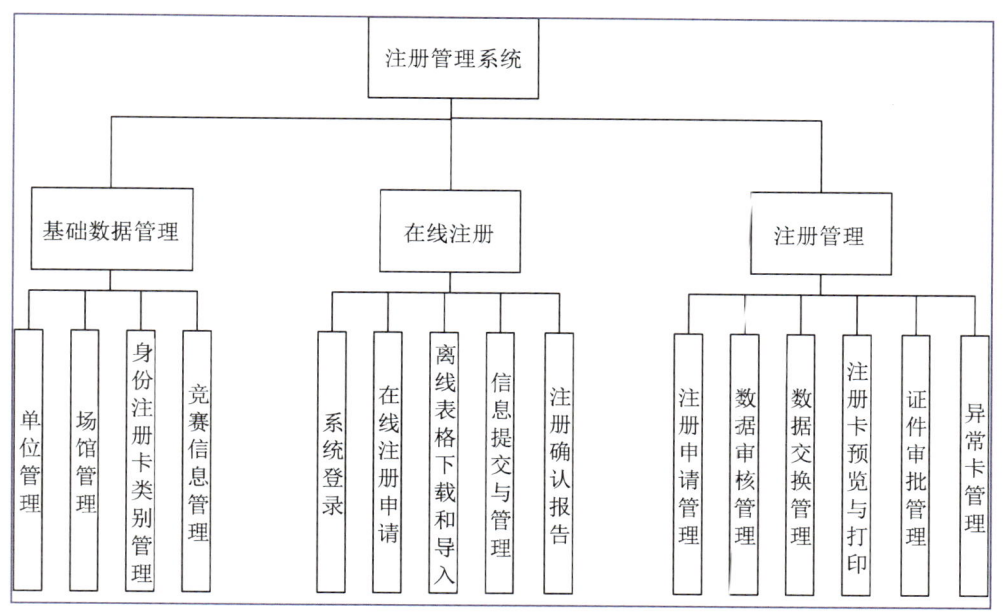

图 1-7

注册管理（ACR）系统主要包括注册管理、基础数据管理、在线注册3个功能模块。

（1）注册管理模块是注册管理系统的核心，负责接收注册申请，登记申请信息，确认注册资格，辨识和确认通行权限等。注册管理模块主要包括人员在线注册（数据导入、数据同步和数据录入）、数据变更与提交、数据校验与数据审核、通行权限分配、数据交换管理、证卡审批发放与证件管理、报表输出等。

（2）基础数据管理模块主要包括单位类别管理、人员类别管理、责任单位管理、岗位管理、场馆管理、交通类型管理、证卡类型管理等。

（3）在线注册模块主要面向所有的参与单位（如国家奥林匹克委员会、媒体、赛事保障单位等），用于各负责单位通过网上在线填写和导入、审核注册申请资料。在线注册模块主要包括负责单位登录、初始化信息、在线注册表格填写、离线表格下载和导入、数据统计信息等。

1.2.2 抵离管理（ADP）

抵离管理（ADP）系统主要由执委会抵离中心使用，该系统收集、更新、管理赛事所有参与人员的抵离信息，包括各代表团成员、技术官员、贵宾、媒体记者和其他赛事相关人员。其作用是规范和专业的信息服务与相关各方进行主动、密切的联络，抵离管理（ADP）以 ACR 的信息作为基础。在赛事开幕前，抵离管理（ADP）必须进行详尽的前期准备，根据客户群体不同加以区分、按照对口单位收集抵离信息，并对收集的数据进行验证，将收集的信息准确发放到相应的部门。在相关人员抵达、离开时，根据不同的服务地点，组建多个接待小组，制定相应的抵离接待服务任务，保证相关人员和随身行李及器材出入顺畅和快捷。在抵离接待服务过程中，将随时统计接待情况，为执委会掌握接待保障服务工作提供数据支撑。该系统部署于云计算中心，通常在赛前3～6个月上线。

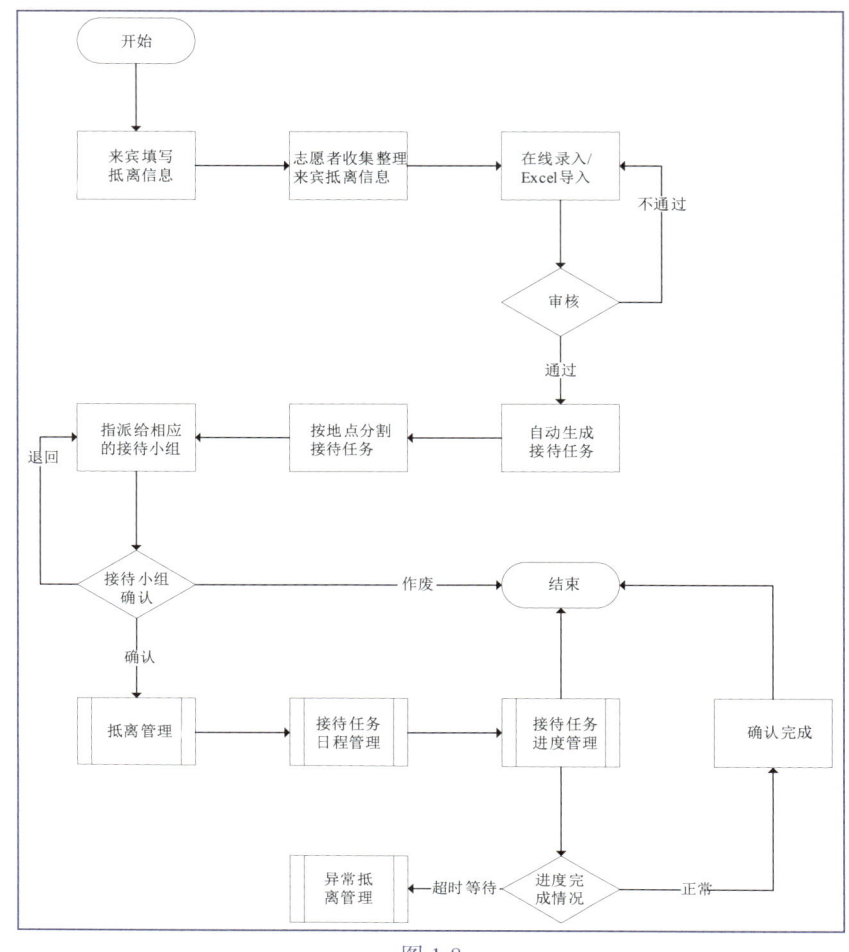

图 1-8

抵离管理（ADP）包括基础数据管理、抵离信息管理、抵离任务管理、接待任务日程管理、接待任务进度管理、异常抵离管理 6 个模块。

（1）基础数据管理模块主要维护抵离管理（ADP）的基础数据，包括接待场站管理和接待小组管理。接待场站的信息应包括接待场站名称、地址、接待人员及志愿者数量、开放时间等；接待小组的信息应包括接待小组名称、人数、服务场站、服务时间、成员姓名、联系方式、紧急联络人、紧急联络方式等。

（2）抵离信息管理模块主要实现各国代表团成员、技术官员、贵宾、媒体记者和其他赛事相关人员的抵离信息采集、录入、维护和审核确认等工作，包括抵离信息登记和抵离信息审核等功能。抵离信息包含来宾名称、国籍、职级、任务、抵离时间、抵离地点、抵离航班/铁路/班车、联系人、联系方式、接待语言需求、竞技项目、过敏病史、过敏药物等。抵离信息审核功能包括抵离信息的审核确认、返回审核、审核查询等子功能。

（3）抵离任务管理模块实现抵离任务的分割、指派和确认等。其中，抵离任务的分割应根据抵离场站进行；抵离任务指派根据基础数据中已维护的接待小组进行；抵离任务确认需要包括确认、退回、作废等子功能。

（4）抵离任务日程管理模块实现抵离任务的查询、统计、提醒等工作。

（5）抵离任务进度管理模块实现抵离任务进度完成情况的查询、统计、导出等工作。

（6）异常抵离管理模块实现异常抵离上报，异常状态查询及统计等工作。

1.2.3 志愿者管理（VLM）

志愿者管理（VLM）系统，主要由执委会志愿者部使用。该系统实现志愿者的日常工作管理，涵盖志愿者的招募、培训、考试和日常工作管理等。

招募阶段，志愿者部工作人员收集并整理相关的岗位需求及招募人员需求，并录入志愿者管理（VLM）系统，需求及招募标准审核通过后，开始进行志愿者招募。志愿者招募分为团队招募和个人招募两种形式，团队招募针对在校大学生；个人招募一般针对社会上有服务经验及特长的个人。人员到位后，对其进行知识培训，培训结束后参加在线考试，考试合格者经统一审查正式成为志愿者，纳入志愿者团队管理体系。志愿者在日常工作中可通过志愿者管理（VLM）进行考勤签到、异常事件上报、汇报每日工作总结，并以此为志愿者绩效考核依据。该系统部署于云计算中心，通常在赛前 6～10 个月上线。

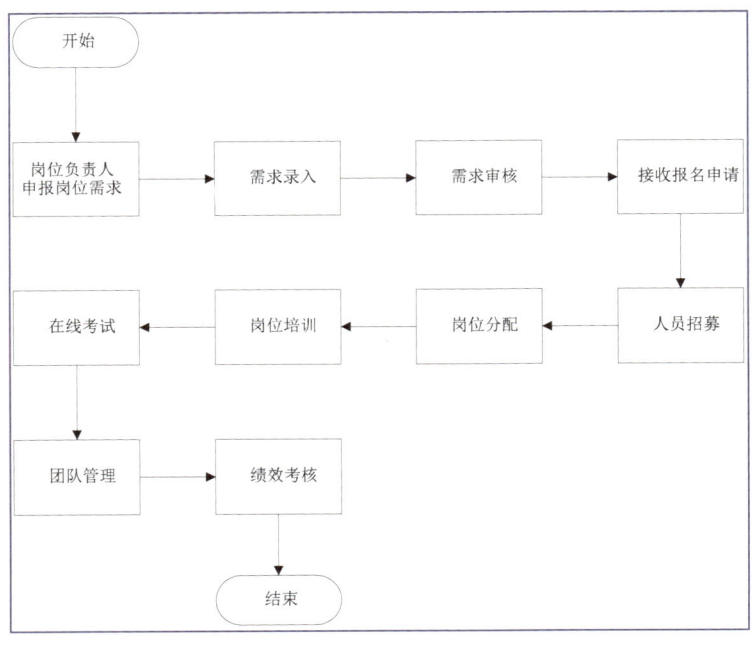

图 1-9

志愿者管理（VLM）系统主要包括基础数据管理、团体招聘管理、个人招聘管理、招募确认管理、培训管理、协议管理、岗位分配管理、志愿者绩效管理 8 个模块。

（1）基础数据管理模块：主要维护志愿者管理系统使用的基础数据，主要包括岗位信息和岗位技能。其功能包括基础数据的增加、修改、删除、保存、查询等。其中，岗位信息应包括岗位名称、职责、服务地点、服务时间段及需求数量等；岗位技能信息应包括岗位名称、性别、外语语种、外语等级、特殊技能等。

（2）团体招聘管理模块：志愿者部工作人员申报需求，包括人数、技能要求；上报并待审核通过后，将各岗位统计信息打印并将 Word 或 PDF 文档发送给学校；按专业进行统计分析，对提供志愿者的学校切分指标发给各学校，统计分析各团体占比。

（3）个人招聘管理模块：申请人手机实名注册，选择意愿岗位，确认是否同意调剂，填写个人资料（身份证号、学历证书、结婚证书等），描述个人特长和社会服务经验等，提交上传，进入"待审核"状态。

（4）招募确认管理模块：对于个人招聘，设定筛选规则，对属性设置权重比例，分数越高可以优先录取。对于团队招募，提前制作好 Excel 模板（顺序号、身份证号、姓名、专业、手机、邮箱、年龄、性别、社会服务经验、备注），统一收集信息后导入。

（5）培训管理模块：通用知识在线培训，提供培训时间，访问路径（网址），专业项目采用线下教学，可查询材料，查看网址。

（6）协议管理模块：考试结束后按成绩排序，成绩靠前的按一定比例被录取，录取后发消息通知志愿者。志愿者打印协议，签订协议后拍照，并上传协议照片存档。

（7）岗位分配管理模块：按条件筛选，人工进行分配，根据志愿者工作安排匹配岗位。

（8）志愿者绩效管理模块：确定绩效公式，根据公式来计算绩效，信息越完整，绩效越准确。

1.2.4 运动员村管理（AVM）

运动员村是参加赛事人员集中最多的地方，所有人员的吃、住、行、娱乐等都需要信息系统协助管理，同时包括了住宿管理、交通班车管理、物业管理、访客管理等。

运动员村管理（AVM）系统的使用部门为运动员村管理相关部门（如综合保障部、运动员村部等），该系统为运动员村管理员根据入住需求列表，应实现住宿预分配工作。当运动员、技术官员、媒体记者等抵达运动员村办理入住时，打印预分配好的客户登记表和钥匙领用单办理入住。最后由领队（代表团团队）填写客房登记表，将实际入住的人员信息在系统中进行登记，用以确认运动员村入住情况。入住人员离开时，系统自动统计各团队的费用。该系统部署于云计算中心，通常在赛前 3～6 个月上线。

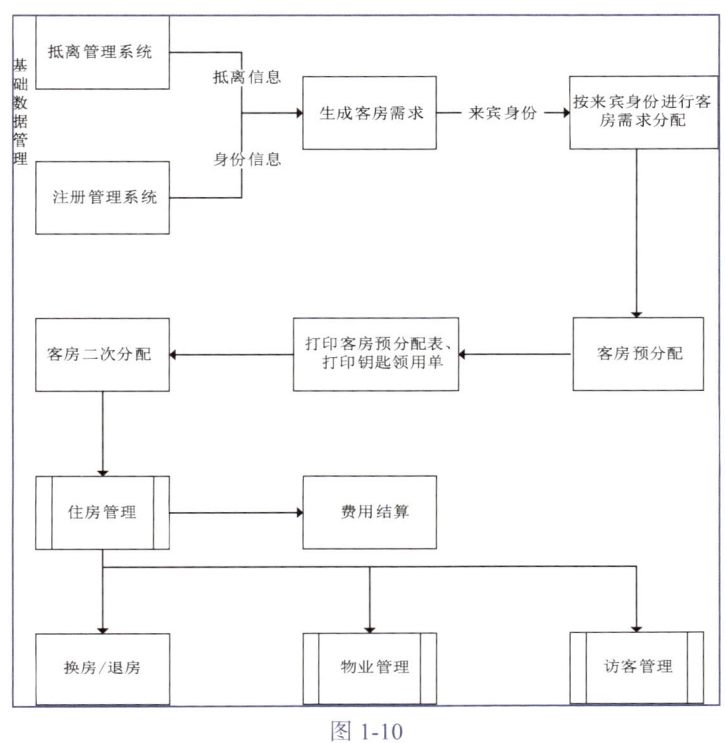

图 1-10

运动员村管理（AVM）系统主要包括基础数据管理、客房管理、物业管理、访客管理、费用结算等 5 个模块。

（1）基础数据管理模块：主要维护运动员村管理（AVM）使用的基础数据，包括楼宇管理、交通班车管理、服务中心管理。其中，楼宇信息应包括楼宇名称、层数、菜谱等；交通班车信息应包括班车时刻表、班车线路等。服务中心的信息包括各服务中心名称、位置、联系人员、联系电话、开放时间等。

（2）客房管理模块：主要实现来宾的客房需求管理、客房预分配、客房二次分配、入住管理等功能。其中，客房需求管理需要包括客房需求的生成、分割等子功能；客房分配需要包括预分配、二次分配等子功能；入住管理需要包括换房、退房、打印预分配客房表、打印钥匙领用单等子功能。

（3）物业管理模块：主要实现物业故障报修、故障维修结果的录入等工作。

（4）访客管理模块：主要实现对来访人员的信息登记、核实等工作。

（5）费用结算模块：要求按不同代表队自动统计相关人员在运动员村期间产生的住宿餐饮费用，主要实现费用的管理、费用的核对等工作。

1.3 赛事支持系统（GSS）

建设一套智能的赛事支持系统（GSS），对赛事筹备及赛时运行期间的信息技术工作人员及物资进行有序、科学的调度，最大限度做到信息技术职能监控、预警、指挥、调度的及时性、全面性，并且对成绩信息、赛事信息系统运行信息、网络运行信息、云计算中心运行信息等进行有效的管理和综合展示。赛事支持系统（GSS）包括综合显示系统、视频会议系统、IT事件管理系统等3类系统。

1.3.1 综合显示系统

技术运行中心（TOC）是赛事运行期间信息技术部主要办公决策场所，是技术监控系统的核心设施，是关键的信息技术指挥中心、监控中心、故障处理中心，负责操作和管理所有的竞赛关键技术和技术服务。该系统部署于云计算中心，通过竞赛专网接入，通常在测试赛期间投入试运行，正式赛前1～2个月（系统联调、联合演练、正式赛事运行保障）正式上线运行。IT事件管理主要包括事件管理、知识库管理、基础信息管理、系统管理、基础数据管理等功能。

1. 技术运行中心（TOC）监控的目的

赛事运行期间，信息技术监控是所有信息技术服务的关键，所有信息技术方面的信息都需汇聚于此。发挥技术运行中心（TOC）的情报收集与监测功能，让各信息技术相关业务能够实时查看现场情况，了解信息技术保障状态，及时收集IT事件等情况，动态、数据可视化展示竞赛全景，为IT事件处理、情况判断、制定应急措施提供指挥决策信息支撑。

2. 综合显示系统的功能

综合显示系统的功能包括竞赛信息、执委会信息、竞赛视频信息、赛事大数据、运行设备、安全事态、大屏显示控制、控制系统运维界面等。该系统部署于云计算中心，通常在测试赛期间投入试运行，正式赛前1～2个月（系统联调、联合演练、正式赛运行保障）正式上线运行。

（1）竞赛信息监控：利用多台显示终端，展现竞赛场馆信息、竞赛总体日程安排、当日赛程安排、重要竞赛项目、后续赛事日程预告、奖牌统计分析、破纪录信息等竞赛数据，并结合赛事日程安排、竞赛场馆等并根据显示要求切换，以展示当前竞赛信息。

（2）执委会信息监控：通过接收赛事管理系统，综合展示执委会相关信息，包括来宾抵离信息、接待车辆调度信息、入住情况统计信息、赛会志愿者分布信息、工作人员分布信息，以便于技术运行中心（TOC）指挥管理人员及时了解执委会服务保障情况。

（3）竞赛视频监控：通过接收所有比赛场馆内部视频监控图像，接收电视转播的直播视频信息，采用视频矩阵选择和切换视频，在电视墙的一台显示终端上播放竞赛视频信息，以便于工作人员快速通过实时的画面掌握比赛情况。

（4）赛事进程状态监控：通过收集各比赛前端、赛事管理前端信息，以数据可视化的方式，展示赛况进展情况、赛事成绩大数据分析等，为指挥人员实时统计赛事数据，数字化地反映当前赛事保障状况。

（5）设备运行监控：通过收集服务器运行状态、场馆服务器运行状态及监控网络设备运行状态，对连接各比赛场馆与云计算中心基础网络平台的关键节点进行监控，以便于指挥管理人员及时了解当前技术系统的运维保障情况。

（6）大屏幕显示控制：直观展现系统当前的运行状态，便于及时解决系统运行中出现的各种故障，并通过控制系统运维界面，快速、便捷地切换大屏幕显示内容，以保障综合显示效果。

1.3.2 视频会议系统

视频会议系统为所有竞赛场馆、运动员村、主媒体中心、总部酒店等非竞赛场馆和主运行中心（MOC）、技术运行中心（TOC）及其他指挥中心提供视频会议服务。这也是大型体育赛事进行统一沟通协调的重要技术手段。

视频会议系统由控制中心、录播服务器、主会场高清视频会议终端、次会场视频会议终端、分会场视频会议终端组成，视频会议的所有终端都要和多点控制单元MCU建立连接，通过MCU进行高清视频图像的交换，高清语音的混合播放。多点控制单元MCU应当放置在技术运行中心（TOC）或主运行中心（MOC）机房，需保证MCU到各部分终端都有足够的带宽、使通信质量得到保障，确保图像清晰。

1.3.3 IT事件管理系统

IT事件管理系统用于赛事运行期间对各场馆内的IT事件的上报、定级、指派、解决、关闭等一系列流程信息进行收集与流转，为技术运行中心（TOC）提供信息流转的渠道和数据支撑手段。该系统部署于云计算中心，通过互联网接入。在测试赛期间投入试运行，赛前1～2个月（系统联调、联合演练、正式赛运行保障）正式上线运行。IT事件管理主要涵盖事件管理、知识库管理、基础信息管理、系统管理、基础数据管理等功能。

（1）IT事件管理主要为场馆信息技术团队和技术运行中心（TOC）实现IT事件上

报、事件审批、事件处理、事件定级、任务分派，以及反馈处理结果、事件关闭等功能，实现各类IT事件从发现、上报、处理、关闭的闭环信息处理回路。

（2）知识库管理是对典型事件进行梳理和做出应急预案的主要数据库，系统应对技术资料进行新增、修改、查询等运行维护管理。系统包含所有系统单元的全部技术规划和配置情况，以及各种相关手册和常见问题的解决办法。

（3）日报管理包括新增日报、日报查询、日报统计、日报备份等功能，由各竞赛场馆或非竞赛场馆汇报当日工作情况，信息技术部工作人员也可通过此模块进行日报查看与导出及查看备份等功能，以实现日报的灵活上报。

（4）基础数据管理是指对基础信息进行设置，包括事件类型设置、事件等级设置、业务智能设置、场馆设置、场馆人员设置等。

（5）系统管理实现对执委会或信息技术部的机构数据、资源数据及角色和权限的管理功能。系统管理员可以新增、查询、修改或删除以上各种数据。

1.4 主运行中心（MOC）

主运行中心是赛事运行期间的指挥核心，通常由执委会直接控制。主运行中心（MOC）要对所有交通、礼宾、抵离、公安等职能运行工作进行控制和跟踪，以打造一个统一指挥、功能齐全的综合信息可视化运行监控和应急指挥平台。

主运行中心（MOC）系基于"赛事大脑"的理念，综合赛事成绩系统（GRS）、赛事管理系统（GMS）、赛事支持系统（GSS），以及交通管理部门、公安管理部门、卫生管理部门等承办城市的相关信息系统数据，联动交通、礼宾、抵离等执委会各业务分中心、各竞赛及非竞赛场馆，为赛事运行保障提供状态监控、指挥调度、决策支持，形成无缝对接、实时交互、统一指挥、整体联动的指挥管理体系。通过标准化接口整合各管理部门及执委会各业务分中心现有应用系统，实现赛时指挥与城市管理相结合，达到高效统筹指挥赛事的目的。

主运行中心（MOC）围绕赛事重点工作打造竞赛管理、场馆综合管理、人员管理、媒体管理、安全管理、交通管理、舆情管理、公众服务八大维度，按照功能模块形式分别呈现各业务单元的运行数据，直观、全面、便捷、高效地掌握本届赛事总体运行状态。主运行中心（MOC）主要包括态势监测系统、指挥调度系统、决策支持系统等3个子系统。

（1）态势监测系统：态势监测是对赛事整体情况监测的核心内容之一，需要从竞赛管理维度、指挥管理维度、赛会管理维度对赛事的运行情况进行可视化监测，以保障赛事的顺利进行。

①竞赛管理维度：竞赛管理维度主要针对赛事信息可视化，通过与赛事成绩、赛事管理、赛事支持系统的数据及对接，汇聚赛事综合信息数据，帮助管理者宏观掌握赛事情况，从而支撑高效的资源配给，保障赛事的顺利进行。

②指挥管理维度：指挥管理主要针对赛事过程中的竞赛场馆、非竞赛场馆、重要点位及相关建筑设施进行综合管理，通过联动竞赛、直播，建设单个场馆的运行管理，打造全方位联动的指挥体系。

③赛会管理维度：赛会管理主要针对所有运动员、志愿者、工作人员的安全和赛会的稳步进行而设计，通过信息化的管理保障赛会的正常运行。

（2）指挥调度系统：指挥调度是赛会应急指挥职能的核心内容之一，通过视频监控系统、视频会议系统等指挥保障系统串联起指挥部与各分中心之间的指挥桥梁，形成一套赛事指挥调度体系，为赛会的全领域管理、一体化指挥提供支撑。

①综合预测预警：综合预测预警通过采集设备实现赛事运行数据信息的采集，通过预测预警模型，形成对应的应急处理方案，为赛会提供有效的辅助决策信息。

②应急资源调配：根据事故发生地点的具体位置，赛事信息系统（GIS）帮助快速选择和按照最优路径调配营救力量，结合事故发生现场的情况，指挥和调度人员和物资快速到达事发现场。

③应急人员疏散：在发生如火灾、危化品泄漏等突发事件时，借助赛事信息系统（GIS）的最短路径分析，建立危险影响、扩散方向和速度模型，快速生成人员疏散路径。

④应急决策分析：在应急事件处置中，通过赛事信息系统（GIS）将各类影响因素进行综合考虑和分析，对事故的进展进行态势感知，为应急指挥辅助决策提供支持。

（3）决策支持系统：决策支持系统是为赛事综合管理和应急指挥提供数据分析、辅助决策的工具，为领导的指挥决策提供数据支撑。

第 2 章 云计算中心

云计算中心的建设应尽可能做到财政预算使用合理，坚持经济实用原则，通过购买服务的方式，租用可靠性高、通用性强的设备，以降低赛事云计算中心的经费投入。为实现赛事平稳、顺利运行，应搭建一个稳定、高效的云平台，并通过云平台实现对赛事进行组织、指挥协调等业务的端到端、全业务、全流程综合化服务，从而做到资源弹性可用，网络高速稳定、应用稳定高可靠。

云服务商应提供服务包括提供安全的物理场所，提供计算、存储、网络资源池及虚拟机、虚拟化操作系统、运管平台等配套的基础管理软件，向承办城市提供通信线路，以及运营、维护和监控环境所需的所有人员和服务。

2.1 总体架构

充分利用承办城市现有云基础设施，建设具有主云计算中心和备云计算中心的同城异地云计算中心。两个云计算中心之间构建 IaaS 层的基础容灾能力，通过部署容灾管理软件，实现主、备云计算中心的保护和灾难恢复管理。当主云计算中心故障时，可在备云计算中心快速恢复云服务，同时配置本地存储保护，当主云计算中心单套存储设备发生故障时，可保证数据零丢失，业务不中断。赛事信息系统云资源与云服务商已有应用系统云资源物理隔离。云计算中心总体架构图如图 2-1 所示。

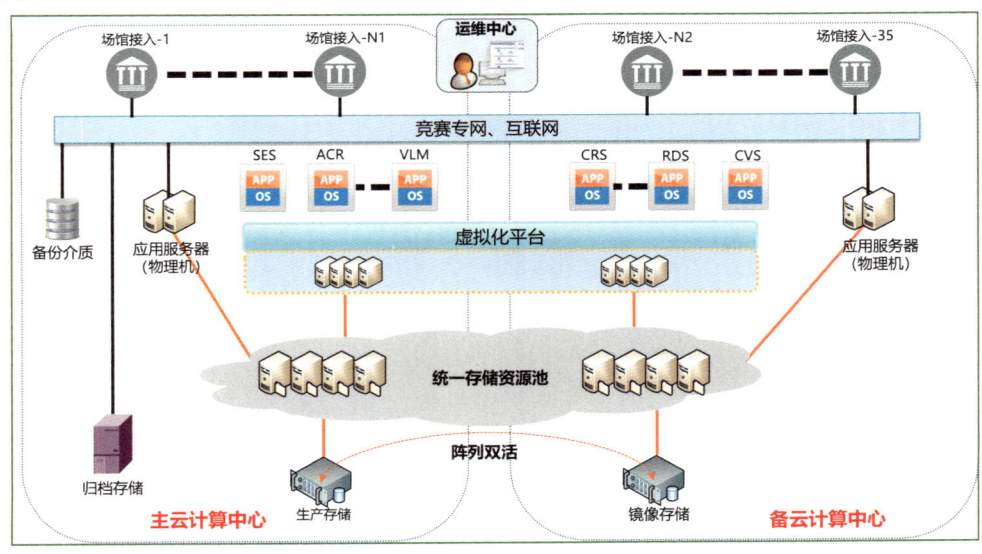

图 2-1

2.2 网络资源池

云计算中心主要分为资源接入区、安全管理中心、内网边界、互联网边界 4 个模块。主云计算中心和备云计算中心均通过内网边界防火墙连接骨干网络节点设备，接入竞赛专网、互联网，与场馆竞赛专网、互联网进行数据通信。

具体组网结构如图 2-2 所示。

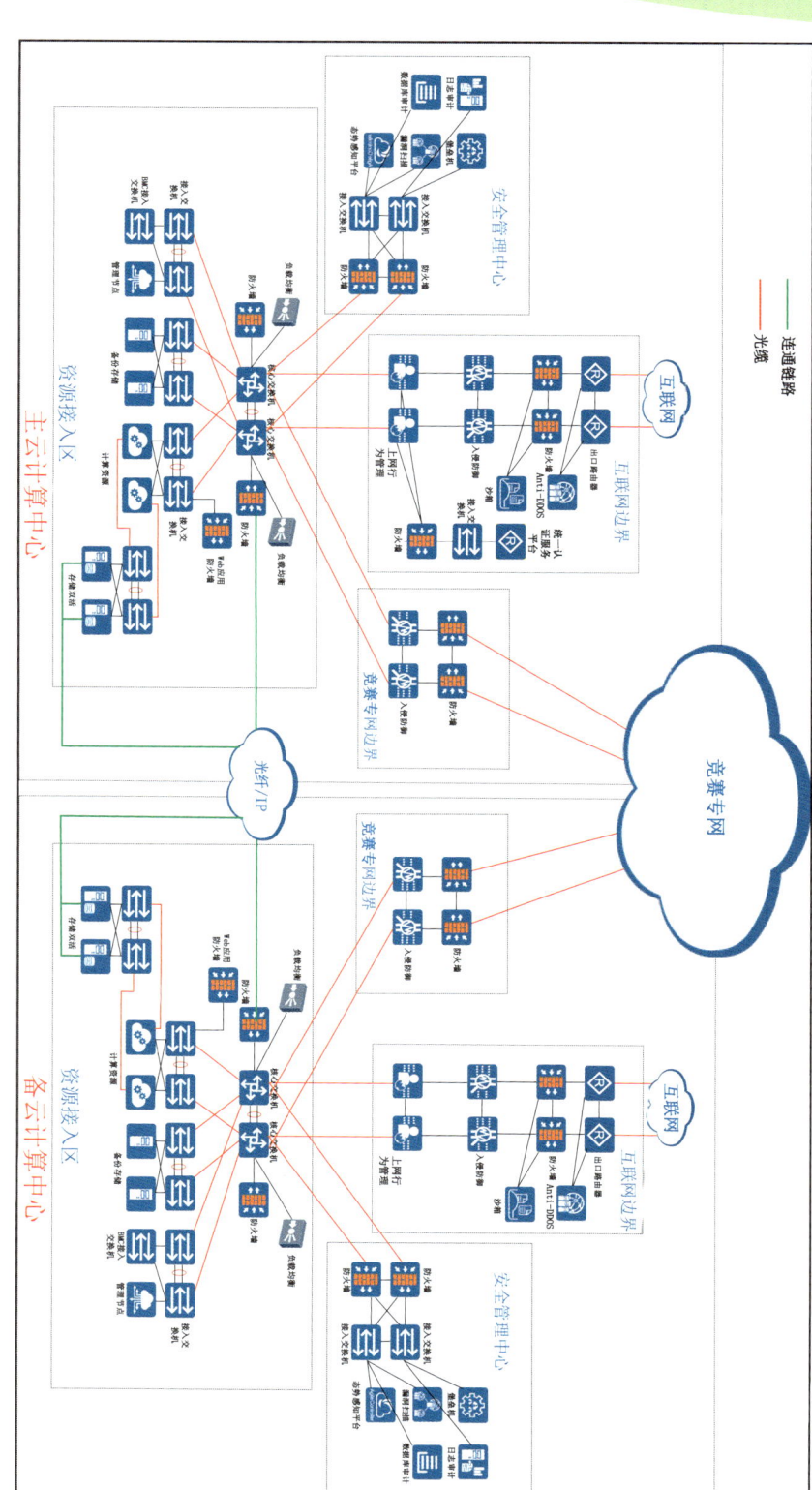

图 2-2

通过使用交换机堆叠技术，保证对外与汇聚层交换设备和对内虚拟网络层连接的冗余。虚拟网络层通过采用多网卡绑定等技术避免单个网卡故障引发的业务中断。

各通信平面（业务、存储、管理）均采用双网卡，双网卡采用绑定模式，两网卡被绑定成逻辑上的"一块网卡"后，同步一起工作，既能对服务器的访问流量进行负载分担，又能保证网卡的可靠性。

云计算中心网络按照"大二层"网络组网，划分为接入层和核心层，如图 2-3 所示。

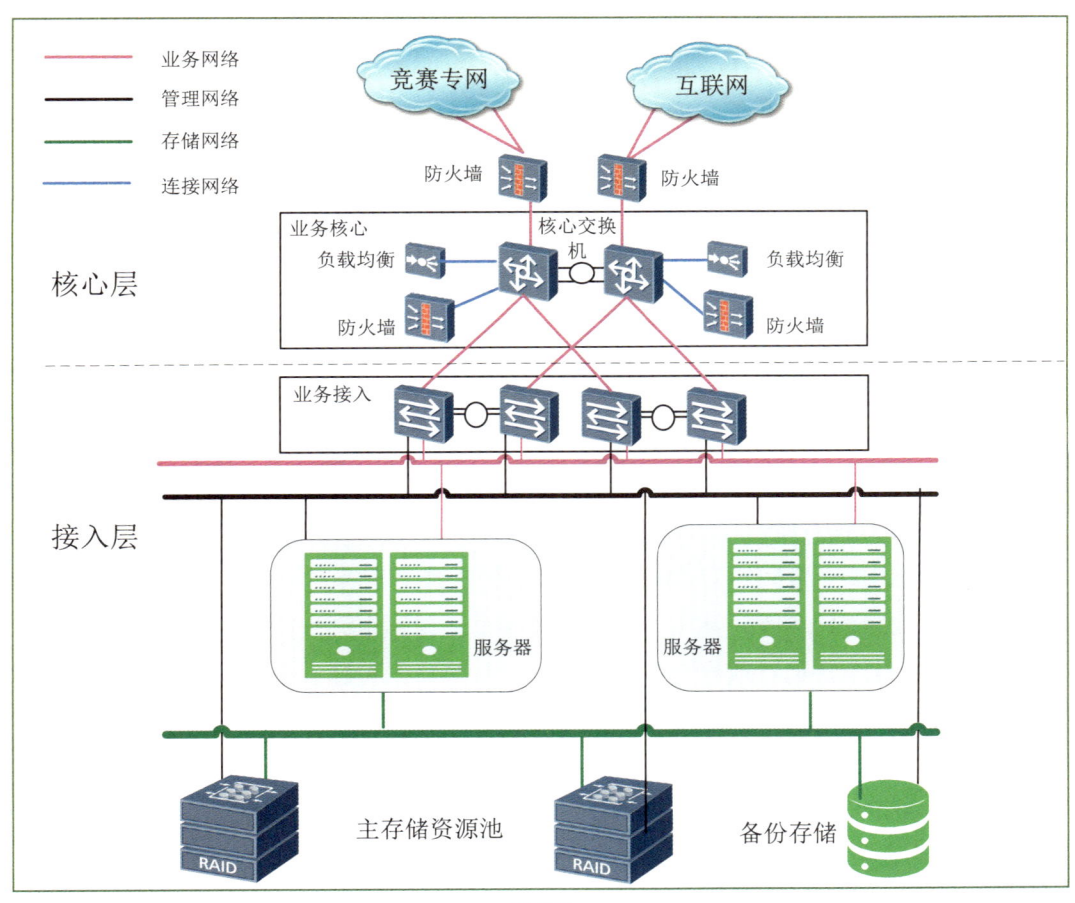

图 2-3

1．接入层

服务器和存储设备上行接入到接入层交换机（接入交换机）。

服务器侧建议采用业务网络、管理网络、存储网络三个 VLAN 隔离的方式进行组网。

在接入交换机划分 VLAN，将管理、业务、存储三个平面逻辑隔离。为简化组网并提高组网可靠性，建议接入交换机采用堆叠方式。

（1）存储网络：用于承载服务器和磁盘阵列之间的专用数据访问。存储网络通过多路径确保提供链路冗余，服务器与存储设备通过存储网络二层直接互通。存储设备为虚拟机提供存储资源，但不直接与虚拟机通信，而通过虚拟化平台转化。

（2）业务网络：提供业务通道，为虚拟机虚拟网卡的通信平面，对外提供业务应用。业务网络可按应用系统的要求再细分 VLAN 进行访问隔离。

（3）管理网络：负责整个云计算系统的管理、业务部署、系统加载等。BMC 平面主要负责服务器的管理，BMC 平面可以和管理平面隔离，也可以不进行隔离。

所有服务器、存储通过接入交换机连接后，需要与客户的核心交换机对接。接入交换机通过堆叠保障可靠性，同时考虑后续扩展性。

2. 核心层

接入交换机上行接入核心层交换机。核心交换机也建议采用集群的方式。核心交换机采用 OSPF 或者静态路由的方式同上层设备进行对接。

当采用 OSPF 对接时，OSPF 发布地址包括核心交换机互联地址，直连路由地址及 loopback 地址。

当采用静态路由方式时，建议核心交换机和上级设备采用 VRRP 地址为网关地址。

2.3 计算资源池

云计算中心按照计算层高可用（HA）原则建设。云服务商为主云计算中心和备云计算中心部署同等数量同等配置的计算服务资源服务，结合高可用（HA）原则和分布式资源调度（DRS）特性，保证当任一主机或单云计算中心故障时，业务虚拟机可自动切换到正常的主机运行或自动切换到另一云计算中心；保证数据无丢失，同时自动实现负载均衡。

2.3.1 高可用

（1）结合虚拟化云平台的高可用原则，保证当任一主机或单数据中心故障时，业务虚拟机可以自动切换到正常的主机运行，数据无丢失，业务中断时间趋近于零。

（2）结合分布式资源调度特性，业务虚拟机可跨数据中心自动实现负载均衡，实现主机资源均衡分配使用。

（3）当系统需要计划内维护或者主机资源重新分配时，可通过迁移功能手动将业务虚拟机在主机间迁移，迁移过程中业务不中断。

云主机高可用保护框架如图 2-4 所示。

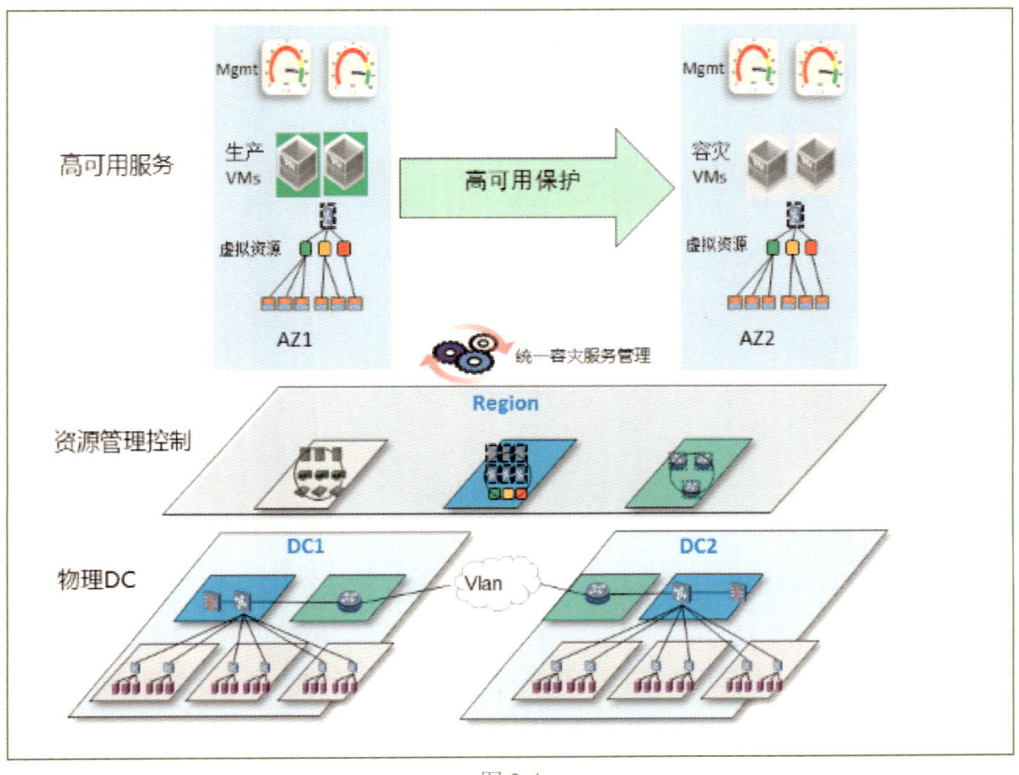

图 2-4

根据规划，在一个区域内建设两个云计算中心，两个数据中心之间构建 IaaS 层的云主机高可用能力。IaaS 层的云主机高可用能力如图 2-5 所示。

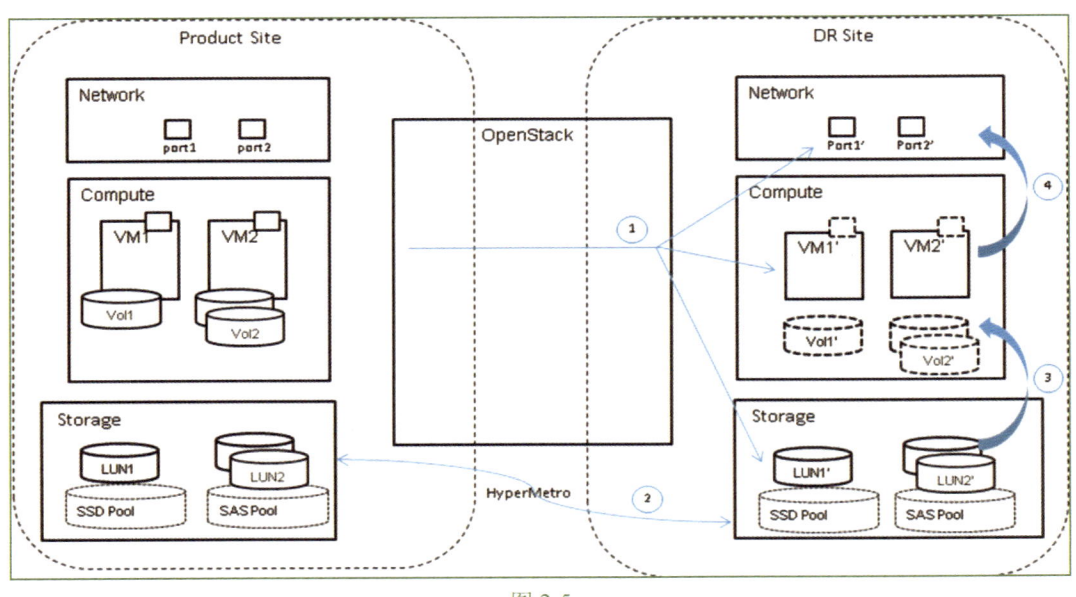

图 2-5

云主机高可用是为了当生产站点故障后，虚拟机及虚拟机所包含的数据能自动切换到灾备中心进行恢复，实现的基本原理如下：

（1）根据生产虚拟机配置及高可用规划情况，在云计算中心（备）创建对应的虚拟机、网络和磁盘资源。

（2）当主云计算中心因故障和灾难的发生无法继续提供虚拟机访问时，通过自动切换到被保护的磁盘挂接给灾备虚拟机，恢复灾备数据。

（3）根据备云计算中心恢复需要关联恢复的网络并启动主云计算中心虚拟机基础设施，完成灾难恢复。

上述过程执行完成后，云服务商、应用系统开发团队可以登录灾备中心访问业务虚拟机。

2.3.2 站点级故障自动切换

主云计算中心故障后，启动故障自动切换机制，将主云计算中心的虚拟机全部切换到备云计算中心，并在备云计算中心自动拉起虚拟机，对外正常提供业务。

（1）定时检测：组件定时装置查询仲裁服务结果，检测是否存在站点级故障，如果存在站点级故障，则启动自动切换关联的高可用服务实例。

（2）故障自动切换：卸载生产主机网卡并关闭生产主机，再将灾备卷挂载到占位云主机，加载网卡并启动占位云主机。

（3）业务检查：用户根据自动故障切换中启动的虚拟机，验证业务系统在灾备的运行情况及检查数据完整性。

2.4 存储资源池

存储资源池采用阵列双活特性。双活方案有 AP 双活和 AA 双活两种。基于两套存储阵列实现 AA 双活，两端阵列的双活 LUN 数据实时同步，且双端能够同时处理应用服务器的 I/O 及读写请求，面向应用服务器提供无差异的 AA 并行访问能力。当任何一台磁盘阵列故障时，业务自动无缝切换到对端存储访问，业务访问不中断。

相较于 AP 方案，AA 双活方案可充分利用计算资源，有效减少阵列间通信，缩短 I/O 路径，从而获得更高的访问性能和更快的故障切换速度。存储双活架构如图 2-6 所示。

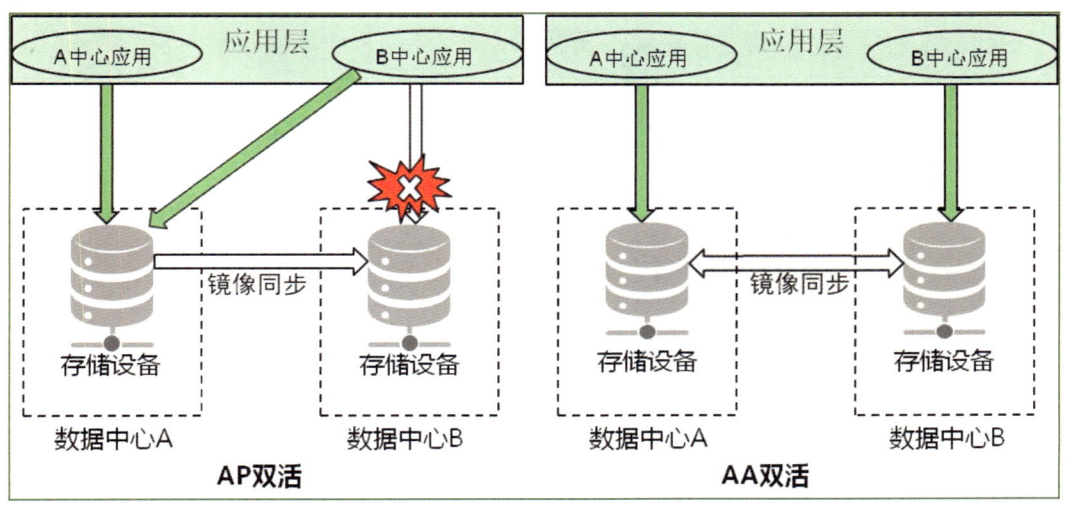

图 2-6

2.4.1 跨站点集群

由两套独立的存储阵列组建成跨站点集群，并以跨站点集群为核心，提供双活存储架构，向应用服务器提供无差异的并行访问，处理应用服务器的 I/O 请求。

双活跨站点集群配置过程极为简单，只需将两套存储阵列配置成双活域，即可完成跨站点集群配置。跨站点集群系统使用阵列间 IP 或 IP 链路作为通信链路，完成全局节点视图建立和状态监控。集群节点具有并发访问能力，当出现单个控制器故障时，其承接的业务将切换到本地集群的其他工作控制器；本地集群工作控制器全故障时，则切换至跨站点集群另一个本地集群。

2.4.2 跨站点数据实时镜像

阵列双活通过实时镜像功能，保证两个站点存储阵列之间数据的实时同步。主机写操作通过实时镜像技术同时写入两个云计算中心的双活成员 LUN，保持数据实时一致。跨站点镜像示意如图 2-7 所示。

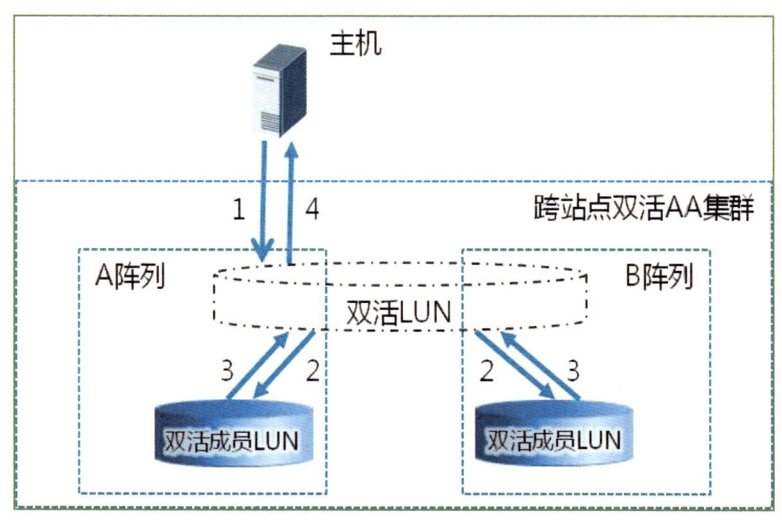

图 2-7

采用支持断点续传功能，当某些故障场景（如单套存储故障）导致"双活复制对"关系异常断开时，通过记录日志的方式，记录主机新产生的 I/O；当故障排除时，将自动恢复"双活复制对"关系，并且将所记录的增量数据自动同步到远端，无须全量同步所有数据。整个过程对主机"透明"，不会影响主机业务。

2.4.3 仲裁防"脑裂"

当提供"双活"的两套阵列之间的链路发生故障时，阵列无法实时镜像同步，此时只能由其中一套阵列继续提供服务，否则就会出现混乱（"脑裂"）。为了保证数据一致性，支持按双活复制对或双活一致性组为单位进行仲裁。当多个双活复制对提供的业务相互依赖时，用户需要把这些双活复制对配置为一个双活一致性组。仲裁完成后，一个双活一致性组只会在其中一套存储阵列继续提供服务。

1. 静态优先级模式

静态优先级模式主要应用在无第三方仲裁服务器的场景。云服务商以按双活复制对或一致性组为单位，设置其中一端阵列为优先站点，另一端为非优先站点。该模式下，阵列间心跳中断时，优先站点仲裁胜利。当发生阵列间链路故障或者非优先站点故障时，优先站点上的 LUN 继续提供服务，非优先站点的 LUN 停止提供服务。当优先站点阵列故障时，非优先站点不能自动接管双活业务，双活业务停止，需要人工强制启动非优先站点服务。

2. 仲裁服务器模式

使用独立的物理服务器或者虚拟机作为仲裁设备，仲裁服务器建议部署在第三方站点。这样可以避免单云计算中心关键设施发生灾难时，仲裁设备也同时故障。

仲裁服务器模式下，当存储阵列间"心跳"中断时，两端阵列向仲裁服务器发起仲裁请求，由仲裁服务器综合判断哪一端获胜。仲裁获胜的一方继续提供服务，另一方停止服务。

仲裁服务器模式下如果有优先获得仲裁的要求，也可以配置站点优先级。优先阵列端具有仲裁获胜的优先权，"心跳"中断但其他正常时，优先阵列将获得仲裁胜利。

2.5 灾备方案

云服务商为整个赛事信息系统提供同城异地容灾备份，提供对云服务器和云硬盘的备份保护，以便在云服务器或者云硬盘数据丢失或损坏时可以快速恢复数据。

2.5.1 容灾备份原理

跨区域复制的目的在于备份数据远距离容灾，以及生产数据的跨区域迁移，用户可根据自身需求，配置自动复制策略，或手动执行跨区域复制，将备份数据复制到远端区域，在需要时直接在远端进行数据恢复。

备份流程如下。

（1）用户通过云服务器备份控制台执行手动跨区域复制或系统按照预先设置好的复制策略进行自动复制。

（2）源端云服务器备份 Karbor 启动云服务器复制任务调度，下发导出请求到源端备份管理软件模块。

（3）源端备份软件调用云平台操作系统导出源端备份映像详细信息，同步返回到原端云服务器备份 Karbor。

（4）源端云服务器备份 Karbor 推送源备份镜像详细信息到目标端区域云服务器备份 Karbor。

（5）目标端云服务器备份 Karbor 启动远程复制，将复制任务启动的命令传递给目标端备份管理软件模块。

（6）备份软件启动远程复制，通过块存储技术恢复接口向目标端备份服务器下发复制任务。

（7）目标端备份服务器主动连接源端备份服务器，建立连接接收源端备份数据，将数据写入目标端备份存储。

2.5.2 灾备方案恢复流程

灾备恢复流程如下。

（1）用户通过云服务器备份控制台选择目标区域内的副本恢复到本地虚拟机，执行跨区域恢复。

（2）源端云服务器备份 Karbor 下发导出请求到目标端云服务器备份 Karbor。

（3）目标端备份软件调用云平台操作系统导出备份副本详细信息，经过目标端云服务器备份 Karbor，同步返回到原端云服务器备份 Karbor。

（4）源端云服务器备份 Karbor 下发导入请求到源端备份管理软件模块，备份管理软件模块将备份副本详细信息导入云平台操作系统。

（5）源端云服务器备份 Karbor 启动远程恢复，将恢复任务启动的命令传递给源端备份管理软件模块。

（6）备份管理软件模块启动远程复制，向通过块存储技术恢复接口向源端备份服务器下发复制任务。

（7）源端备份服务器连接目标端备份服务器，建立连接接收源端备份数据，将数据写入目标生产存储器。

第3章 通信网络

大型综合性赛事的承办城市需为赛事建设搭建通信网络基础设施，根据业务需求，必须覆盖竞赛场馆，主媒体中心、运动员村、总部酒店等非竞赛场馆，以及技术运行中心（TOC）、主运行中心（MOC）等指挥中心，满足赛事信息系统及广播电视信号传输的需要。赛事通信网络分为物理隔离的"三个网络"，如图3-1所示。

竞赛专网：独立网络，主要传输场馆成绩系统（VRS）、竞赛视频系统（CVS）、中央成绩系统（CRS）、综合显示系统、视频会议、主运行中心（MOC）等系统数据。

互联网：通过城域网连接至互联网。

转播专网：独立网络，用于电视信号转播的传输，为电视媒体转播提供可靠连接。

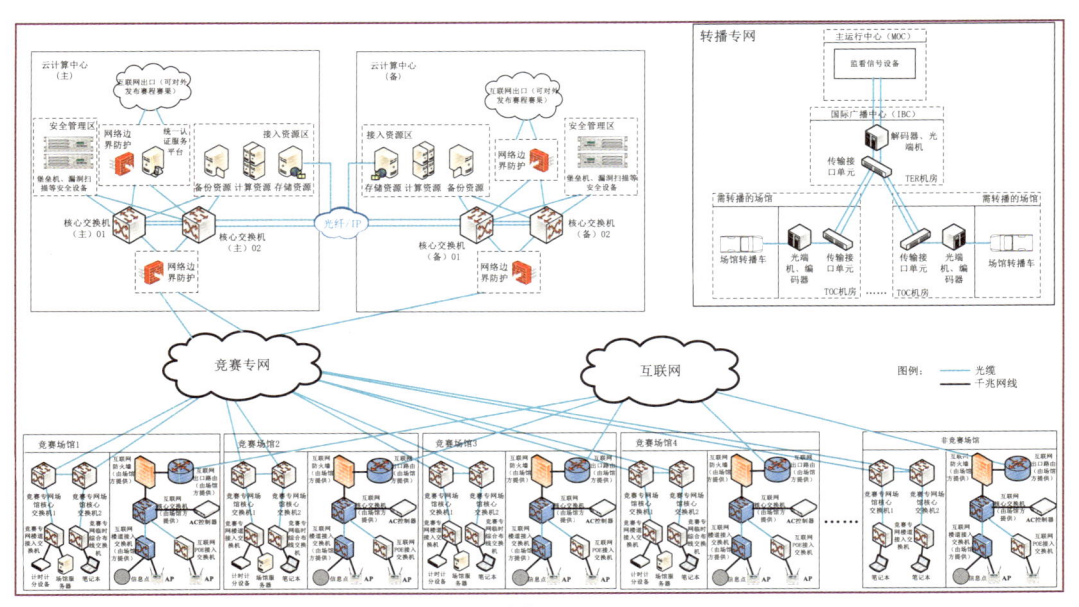

图 3-1

3.1 竞赛专网

3.1.1 网络结构

竞赛专网包括场馆接入层、汇聚层和骨干层三个层面。场馆接入层包括所有的竞赛场馆、非竞赛场馆（主媒体中心、运动员村、总部酒店）和指挥中心，包括主运行中心（MOC）和技术运行中心（TOC）的接入节点，汇聚层包括区域场馆群汇聚节点，骨干层包括骨干节点和云计算中心节点。

（1）接入层：场馆内部的局域网，包括场馆核心交换机、场馆楼道接入交换机及现场临时交换机子层。

（2）汇聚层：跨区域的数据汇聚网，包括城域汇聚路由器。

（3）骨干层：跨区域的高速骨干网，包括云计算中心和骨干核心路由器。

根据承办城市运营商实际情况，利用运营商已有汇聚/骨干机房作为场馆区域汇聚节点和区域骨干节点，场馆按区域设置6～10个区域汇聚节点，区域汇聚节点之间互为主、备节点。另外设置2个城域骨干节点，对各区域汇聚节点进行收敛。

竞赛专网作为承担赛程赛果的网络平台，其可靠性和连通性最为重要，因此层次化、易维护、易排障的网络结构必不可少。

（1）保证场馆网络本身的可靠性和连通性。这包括网络拓扑的冗余结构，场馆三层核心交换机采用双设备和双链路；简化场馆核心交换机和楼道接入交换机网络层次。

（2）确保广域网的可靠连通性。在场馆到汇聚层、汇聚层到骨干层、骨干层到云计算中心（主）全部采用双路由、双链路结构，骨干层到云计算中心（备）采用双路由、单链路结构。原则上，全网采用"轻载原则"和冗余的结构设计。

（3）为提供与其他网络的数据交换并保证安全性，竞赛专网在云计算中心通过网络边界防护设备经云计算中心互联网出口向外发布赛事结果等信息。

运营商仅提供竞赛专网从骨干层到接入层的所有设备、线路及带宽接入，以及场馆核心交换机前端信息点之间的网络设备。场馆内竞赛专网综合布线线缆由场馆方提供。

竞赛专网网络拓扑图如图3-2所示。

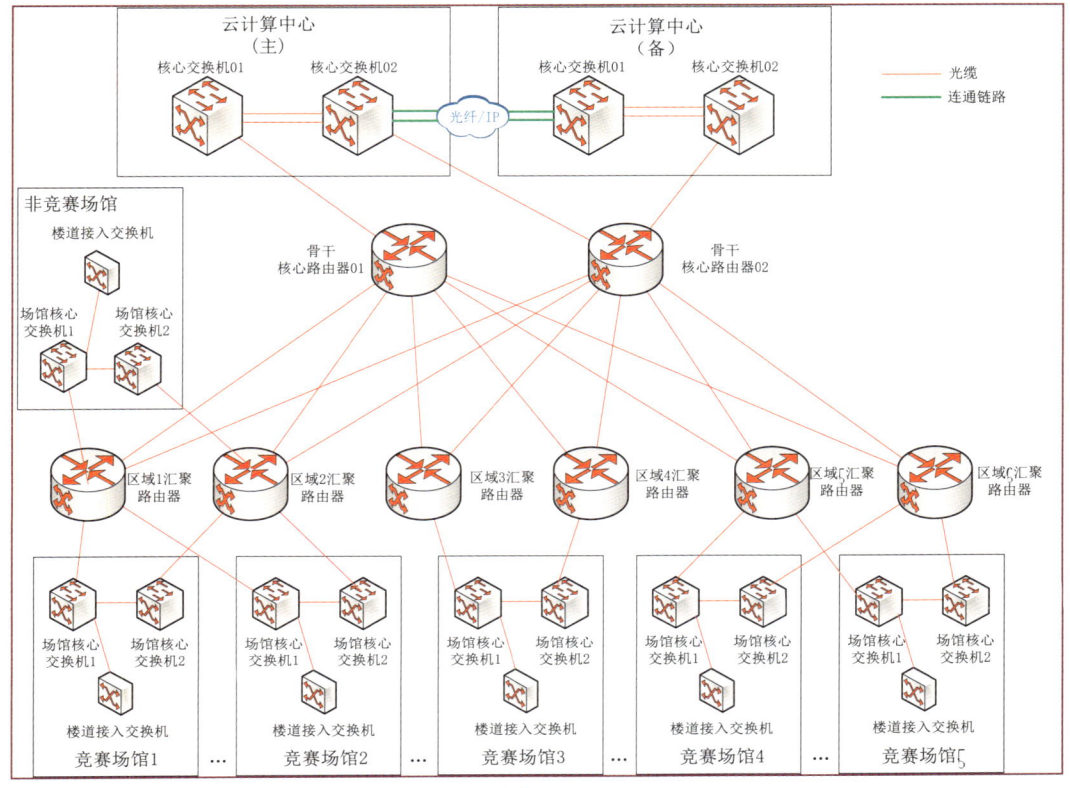

图 3-2

IP 网自场馆核心交换机以上，采用冗余设备和冗余链路配置，启用 OSPF 动态路由协议，自动完成流量均衡与路径备份功能。传输网从场馆中心机房到区域汇聚层、从区域汇聚层到骨干层，以及骨干层之间和骨干层到主云计算中心的网络设备链路连接都采用运营商提供的裸光纤、PTN、MSTP、IPRAN 或波分复用链路构成双路由双链路。骨干层到云计算中心（备）采用运营商提供的裸光纤、PTN、MSTP、IPRAN 或波分复用链路构成双路由单链路。

3.1.2 带宽需求

根据比赛项目对场馆进行分级，并根据往届赛事的经验，一类竞赛场馆（田径、游泳、体操、乒乓球、羽毛球）带宽不低于 800Mbit/s，二类竞赛场馆（足球、篮球、排球及其他）带宽不低于 500Mbit/s。主媒体中心、运动员村带宽不低于 1000Mbit/s，总部酒店带宽不低于 500Mbit/s。主运行中心（MOC）和技术运行中心（TOC）的带宽不低于 1000Mbit/s。

3.1.3 VLAN 划分

根据各类业务的特点和重要性,将其划分为不同 VLAN 子网、不同应用之间相互隔离,防止一个 VLAN 的广播影响到其他的 VLAN,避免不同业务之间的相互干扰,以减小网络攻击的影响面。

合理地对不同的业务划分 VLAN,有利于业务之间的隔离、缩小广播域、并对 IP 地址规划和 QoS、安全设计等有直接的支持作用。

因赛事成绩系统(GRS)应用类别相对简单,竞赛专网 VLAN 采用简单的规划方式:

VLAN1:默认 VLAN。
VLAN2:计时记分设备。
VLAN3:竞赛视频设备。
VLAN4:笔记本电脑。
VLAN5:其他。

3.2 互 联 网

在各竞赛、非竞赛场馆及主运行中心(MOC)、技术运行中心(TOC)等指挥中心建设互联网覆盖,主要供代表团成员、技术官员、贵宾、媒体记者、赛事保障等 5 类持注册卡人员的互联网访问应用需求所用,由运营商按照一般互联网带宽接入服务的方式覆盖各个场馆,使用 LAN 方式延伸到信息点,并同时提供 Wi-Fi 接入服务,覆盖更广。

运营商仅提供互联网带宽接入,场馆内从出口路由器至前端信息点,均利用场馆内自有网络设备及综合布线线缆,网络设备及综合布线线缆由场馆方负责提供,同时场馆内的网络设备需支持千兆网络带宽接入。

3.2.1 网络结构

互联网在场馆内部的网络架构分为两层,第一层为场馆出口层,第二层为场馆内部的接入层。在场馆内部的相应区域,提供有线信息插座和无线网络覆盖两种接入方式。无线接入 AP 放置在走廊及重点覆盖区域,提供无线网络接入。网络结构如图 3-3 所示。

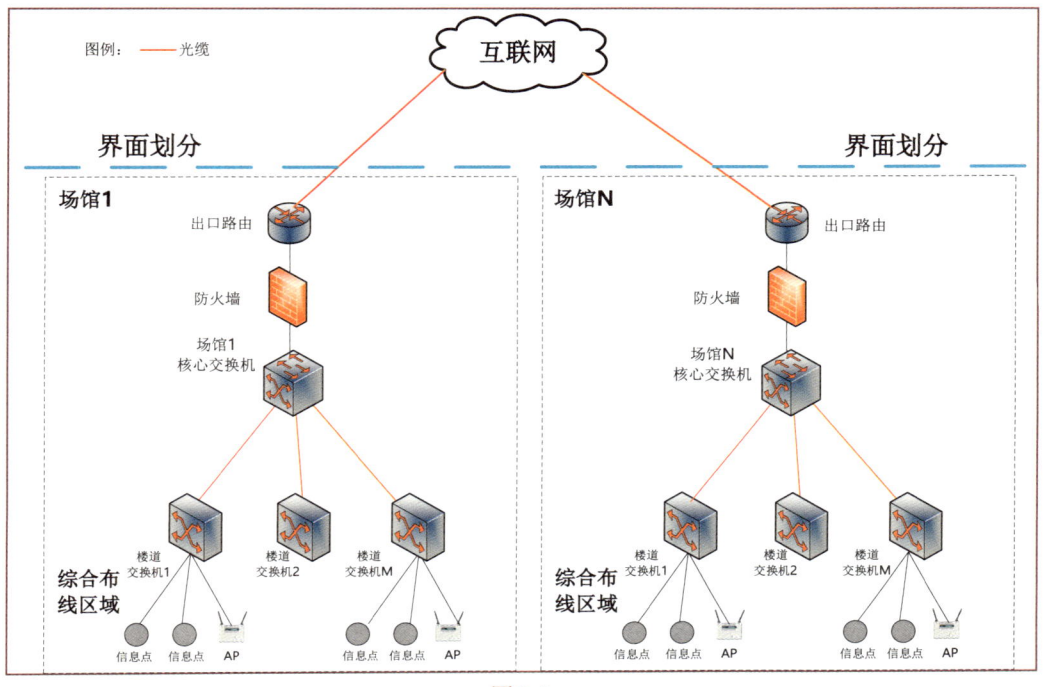

图 3-3

3.2.2 带宽需求

根据场馆容纳的 5 类持注册卡人员数量对场馆进行分级，一类竞赛场馆（田径、游泳、体操、乒乓球、羽毛球）带宽不低于 1000Mbit/s，二类竞赛场馆（足球、篮球、排球及其他）带宽不低于 800Mbit/s。主媒体中心带宽不低于 6000Mbit/s、运动员村办公区域带宽不低于 1000Mbit/s。主运行中心（MOC）和技术运行中心（TOC）的带宽不低于 1000Mbit/s，云计算中心互联网总出口带宽不低于 10Gbit/s。

3.3 转播专网

（1）各场馆的广播电视信号根据信号处理方式的不同，分别通过赛会转播专网接入国际广播中心 IBC。

（2）基础网络：转播信号传输专网要求采用星形组网方式，为赛会赛事转播、新闻宣传等应用提供广播电视信号传输服务。

（3）信号处理：分析各场馆的实际情况，对于不同地理位置的场馆采用不同的信号处理方式，为视频信号传输提供恰当的解决方案。

（4）传输端口：所有传输端口单元设备机箱均可通过 SNMP 协议由一个统一网管服务器管理。

（5）监听监看：所有场馆技术运行中心（TOC）的电视转播机房、传送点及国际广播中心 IBC TER 机房均应配置监测系统，能够实现同时对该处传输或接收的所有高清视频信号进行监视监听。

第二部分　体育赛事网络安全保障

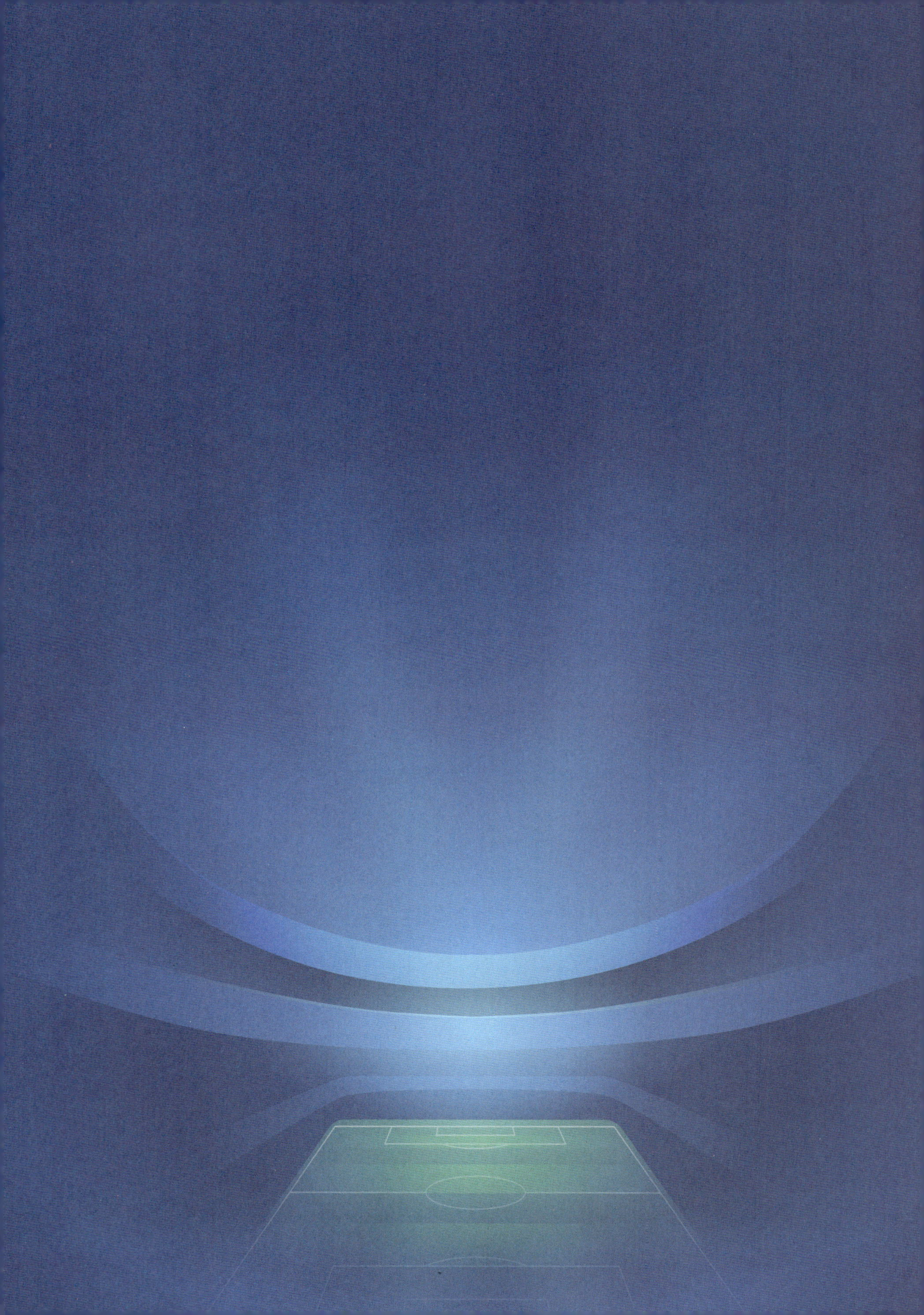

第4章 网络安全组织

体育赛事最重要的考验是组织能力，网络安全更是具有"不谋全局者，不足谋一域"的特点。无论是网络安全在体育赛事组织工作中发挥的核心重要作用，还是从现行的网络安全法律法规和标准角度出发，网络安全工作必须要有统揽全局，统一谋划的需要。

实际上，目前体育赛事相关的网络安全行业标准仍属于空白，新的相关标准还处在推进当中。这需要我们更深刻地理解网络安全在体育赛事中发挥的重要性。目前尚未到位的体育行业网络安全标准，并不影响体育赛事对网络安全工作的开展，可采用现行法律、标准、规范对各行业网络安全的要求进行。

首先，体育赛事，特别是大型综合类体育赛事具有大型活动的重要特点，即"成不成功靠安全，精不精彩看宣传"。安全和宣传是体育赛事成功的双引擎，随着信息化手段的普及和更广泛地应用到体育赛事当中，提升观众观赛体验，提高裁判效率，我们更需要创造更多服务运动员的机制方法。当信息化系统、物联网、人工智能大量快速引入体育赛事，体育赛事的安全越来越依赖于网络安全，网络安全也成为体育赛事保障工作的重中之重。

其次，体育赛事对于信息化依赖程度也在不断提升。信息化在体育赛事领域应用的本质是为竞赛服务、为指挥服务、为转播服务、为媒体服务、为观众服务的。特别是体育赛事核心系统对于稳定性、安全性的要求更高，观众和影响范围更广。因此在综合体育赛事中更要做好网络的安全保障工作。

4.1 网络安全工作的组织

网络安全工作的组织包括两部分，即"组织"和"组织"。第一个"组织"为名词性组织，成立或组建一个服务于大型综合性体育赛事的网络安全专门组织，这个组织至少且至多两级，一级为网络安全领导小组，一级为具体负责执行网络安全工作的具体业务部门或处室。第二个"组织"为动词性组织，即网络安全工作的规划、部署和执行,是落实第一个"组织"所制定的目标、战略方针的具体机构。因此,构建两个"组织"是体育赛事网络安全工作的首要目标任务,也是体育赛事筹办的先行动作之一。

4.2 网络安全法律、法规对组织的要求

近些年,网络空间安全日趋重要。网络攻击行为产生的后果已经足以影响社会及经济稳定,我国陆续出台了多个与网络安全相关的法律、法规,包括:2017年6月1日开始施行的《中华人民共和国网络安全法》、2021年9月1日开始施行的《中华人民共和国数据安全法》、2019年12月1日开始施行的《GB/T 22239—2019 信息安全技术 网络安全等级保护基本要求》(简称"网络安全等级保护2.0标准")、2021年9月1日开始施行的《关键信息基础设施安全保护条例》等。

由于体育赛事信息系统的网络安全性非常重要,但由于其应用机构为临时机构,因此系统也伴随体育赛事而产生和消亡。因此其所使用的信息化系统应当按照要求进行网络安全等级保护的备案工作。由于其特殊性,在现行的《关键信息基础设施安全保护条例》中,并未明确体育赛事信息系统属于关键信息基础设施安全保护的范畴。可以对照国家"网络安全与信息化领导小组"的重要工作组织方式,成立网络安全领导小组,明确网络安全负责人。

4.3 网络安全领导小组的目标和职责

成立网络安全领导小组应通过正式发文告知相关人员或组织,并组织第一次网络安全领导小组工作会议,予以宣布和在组织内部公开(根据文件性质内部公开、不予公开或有限公开)。

网络安全领导小组负责贯彻中央、省市相关网络安全的决策部署和工作要求,统筹体育赛事组织机构的网络安全保障工作,协调解决网络安全重大问题,指导和指挥网络安全重大事件或突发事件的应急工作。作为体育赛事组织机构的第一责任人应有效部署和开展网络安全工作,负责听取网络安全部门的网络安全工作汇报,督促和检查网络安全工作的落实情况。

网络安全领导小组在体育赛事组织期间,应设定清晰的网络安全工作目标及达成工作目标的路径,组建或筹建网络安全具体落实部门,并协调相应配套资源,包括资金预算等。

4.4 网络安全领导小组的构成

根据我国相关法律及条例要求，按照体育赛事特别是大型综合类体育赛事的网络安全工作惯例，应及时成立网络安全领导小组，组长由体育赛事机构组委会或执委会负责人或分管负责人担任，副组长至少由分管负责人或负责人的联系人担任，各相关部门负责人应作为网络安全领导小组成员，包括办公室、财务部、新闻宣传部、信息技术部、安保部、人力资源部、市场开发部、运动员村部、场馆部等部门的负责人。

4.5 网络安全领导小组主要里程碑和协调事项

网络安全领导小组是体育赛事组织机构的网络安全第一责任组织，网络安全领导小组主要工作里程碑如下。

（1）网络安全领导小组成立。

（2）召开第一次网络安全领导小组大会，宣传网络安全要求、明确网络安全责任、部署网络安全工作。

（3）筹建或组建网络安全具体执行负责部门或处室。

（4）批准和准备网络安全相关预算、人力等资源。

（5）批准网络安全系列管理制度体系并发布。

（6）组织网络安全应急预案编写并批准发布，组织和指导应急演练及应急处置工作。

（7）定期组织召开网络安全专项工作会议，对重大网络安全事项做出决策。

（8）组织开展体育赛事赛时网络安全保障工作，并统一协调指挥。

网络安全领导小组在重要节点或里程碑时间通过工作统筹、审阅和批准相关网络安全工作成果，处理网络安全相关风险，明确网络安全相关责任，落实网络安全相关工作。同时网络安全领导小组还需要负责重大工作事项的监督、对外网络安全工作的联系、网络安全工作所需资源的协调和重大决策。网络安全领导小组承担体育赛事组织机构的领导、管理和制定工作目标职能，需要指定网络安全领导小组专人负责管理网络安全策略，确保网络安全领导小组制定的目标、方针、策略得到妥善落实。

体育赛事具有临时性、场馆多、横跨协调工作多等特点，这决定了网络安全工作需要统筹管理、统一规划，而且重在执行。网络安全执行部门配置过多的管理负责人将会带来更多额外的管理开销和沟通成本，多则乱、不利于网络安全工作开展，建议尽量最小化网络安全管理人员，以更加清晰和明确责任，提升网络安全工作的效率。

第 5 章 网络安全总体架构

当组织工作中对应的职能机构开始建设和建立后，面临的第一项重要工作任务就是，充分调研赛事保障信息化运营的网络安全需求，对调研的需求进行综合和提炼，并组织相关专业人士、专家进行网络安全总体架构的确立，着手编写赛事网络安全总体规划和纲要，以在对赛事网络安全的理解具象化后，形成专业度强、针对性高的赛事网络安全整体方案。

在实际的赛事网络安全"组织"工作中，组织者经常出现"想当然"的状态，譬如，不重视总体架构，没有充分调研本次赛事的实际业务形态和网络安全需求，甚至拿过往的案例来大量继承。更有甚者，拿出十几年前的其他赛事网络安全规划进行重点参考，岂不知网络安全在信息化技术不断发展的过程中，攻防形势也在不断变化着。参考对象的内容一味地拿过来借用，最终会发现是一份失败的设计。究其原因是网络安全每年甚至每天都处在不同的动态变化之中，唯一不变的挑战就是"变化"。

现在，当我们作为组织者来组织开展赛事的网络安全工作时，需要考虑的因素越来越多。以国际综合类体育赛事为例，我们在做完组织组建工作之后，会启动网络安全总体架构和规划的工作，做这份总体架构和规划的时候，至少需要考虑以下几方面的因素。

（1）合规性要求。体育赛事涉及的大量信息系统、通信网络、物联网等在我国需要满足基本的法律法规要求，包括《中华人民共和国网络安全法》《中华人民共和国数据安全法》《GB/T 22239—2019 信息安全技术 网络安全等级保护基本要求》《个人信息保护法》等。在这些法律和国家标准中明确了网络安全责任、网络安全技术要求和对网络、系统的网络安全防护措施。在启动这项工作之时，一定要借鉴和满足对应的基础要求，如赛事建设的信息化系统应该按照等级保护管理的要求进行测评、备案等。

（2）国际复杂形势的挑战。国际综合类体育赛事是面向全球各个国家或洲际国家的，不同国家的政治体制、宗教、文化、经济形势各不一样。虽然体育赛事不带有任何政治色彩，但是不同国家间的冲突问题却会直接反映到网络空间的博弈和对抗中。在施行国际综合类体育赛事网络安全工作的时候，需要重点分析可能面临的挑战和威胁，以及应对措施。

（3）法律、文化冲突问题。由于不同国家的文化背景不同，网络发展参差不齐，在不同的国家法律框架下的上网习惯不同，均会产生不同的网络安全观。例如，个人隐私数据如何保护？人脸识别技术能否使用？信息采集过程中的法律保护要求如何？甚至在使用浏览器 Cookie 机制时的隐私声明等，都需要以国际惯例和符合我国要求的角度来考量。

（4）业务自身安全影响。体育赛事往往有着关注度高、影响力大、曝光频繁的特点，这些特点更容易让服务体育赛事的信息化技术成为被攻击或尝试破坏的目标。另外，网络安全保护的目标是服务于体育赛事的系统和网络，网络安全的护航是这些系统自身业务保障的需要，也是体育赛事重要的内生安全构成。

下面通过对体育赛事网络安全总体架构的"抽丝剥茧"，分类阐述网络安全总体架构的设计，通过示意模型来说明网络安全总体架构设计中涉及的各个专业维度。

5.1 总体安全需求理解

首先，我们应该从整体核心的角度来理解体育赛事的特点，即"没有重来一次的机会"，特别是涉及计时类比赛，运动员的巅峰往往就在一瞬间，其成绩也就在一瞬间诞生。如果计时设备和系统出现了问题，可能会直接改变比较结果和冠军归属。

其次，理解体育赛事信息化，才能保障体育赛事信息化的网络安全。体育赛事的信息化包括了云（云计算环境）、网（通信网络）、馆（竞赛和非竞赛场馆）、物（物联网），分散地分布在不同的物理区域，更需要我们从不同维度，全局视角来分析需求。

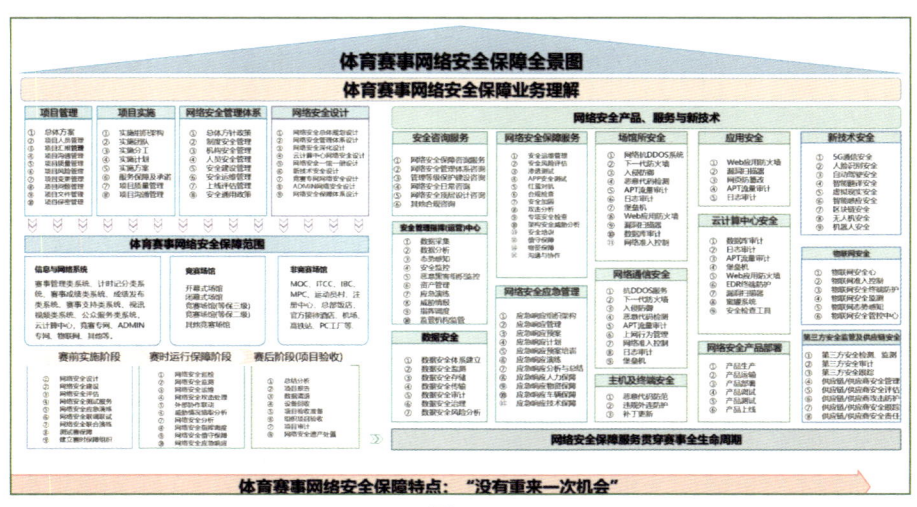

图 5-1

图 5-1 是我们根据以往的经验提炼和归纳总结的全局视角的网络安全需求项，共计 24 个类别。将网络安全内容贯彻和穿插到整个体育赛事的全生命周期中。我们可以根据全局视角的理解来按图索骥，调研此次体育赛事的网络安全需求，根据调研的需求进行归纳，然后形成一份全局视角的网络安全需求理解。

当完成需求的调研、归纳、总结和理解，就完成了体育赛事网络安全总体架构设计工作的第一步，后面陆续需要开展的规划设计，甚至解决方案就有了目标，网络安全的问题和挑战便可以清晰地展现。

5.2 总体技术架构设计的原则

国际综合体育赛事网络安全总体设计贯穿赛事的整个生命周期，包括赛前实施、赛时运行保障、赛后验收三个阶段。网络安全总体设计以网络安全保障工作"万无一失"为总体愿景，遵从以"无重大网络事故发生"为底线的思路，遵循网络安全客观发展规律，充分考虑大型体育赛事"没有重来一次机会"的严峻挑战和特点。总体设计方案按照"总揽全局、纵深防御、严抓实施、重在保障"覆盖运动的系统安全、场馆网络安全、赛事运行安全、智能化安全等。

5.2.1 系统安全设计思路

服务于体育赛事的信息系统是赛事的核心组件，是完成体育赛事各项组织工作、竞赛工作、管理工作的基石和基础。信息系统安全设计包括业务信息系统、承载业务信息系统的云计算平台和网络系统等。

信息系统安全设计以"系统稳定可靠、数据安全可控"为愿景。按照网络规划设计的分层思想，采用"多层防护、横向扩展"的安全设计思路，是一种考虑物理安全要求、网络安全防护、应用安全保障、数据安全冗余、终端可信可控的设计方法，要确保符合和达到信息系统的安全设计愿景。

5.2.2 场馆网络安全设计思路

体育赛事场馆分为竞赛场馆、非竞赛场馆、训练馆等。竞赛场馆用于赛事举办，非竞赛场馆用于服务和保障赛事运行，训练馆用于赛前训练。场馆网络安全保障包括竞赛场馆的系统、网络（竞赛专网、管理专网）、应用、终端、数据等，非竞赛场馆包括网络安全、系统安全、物联网安全等部分内容。

场馆网络安全设计以"感知良好、安全可靠"为愿景。充分考虑场馆主要功能为运行和承担服务主体。详细设计时应按照不同场馆情况、特点，提供"一馆一册"差异化设计，以提供良好的感知和提供无感知的网络安全保障服务，为官员、运动员、裁判员、工作人员、观众提供安全高效保障措施。场馆网络安全应按照"预防为主"的思路开展设计工作。

5.2.3 赛事安全运行保障设计思路

赛事运行保障是体育赛事举办的核心保障任务，赛事运行安全保障的成功与否将直接决定赛事举办得成功与否。赛事运行安全保障以"赛事运行稳定高效"为愿景。针对赛事运行期间的重要性和特点，进行安全保障设计应以"定制化"的思路开展，确保赛事运行期间每个网络安全保障方案都更具针对性，依据不同赛事运行系统的业务特点和使用环境进行设计。

赛事信息化系统设计多变，功能多样，交叉复杂。网络安全设计过程中更要因地制宜，切莫生搬硬套，网络安全应该以保障和服务信息化的角度开展，当信息化系统和赛事运行因为向安全妥协而无法使用时，安全便失去了意义。所以网络安全和赛事运行应找到最佳平衡点。

5.2.4 智能化安全设计思路

随着信息技术和智能化发展，现代体育赛事将会越来越多提出"智能"的理念。智能化手段的大量应用将成为未来体育赛事的趋势，因此现代体育赛事网络安全必须要考虑智能化安全因素。

智能体育赛事设计应以"智能、安全"为愿景。智能化的技术和场景的应用，是为了提升官员、运动员、裁判员、工作人员、观众的科技美好感知，创造一种智能美好生活的样板和体验。针对不同的新技术、新应用的网络安全保障设计，采取以应用场景安全保障为主线的网络安全防护解决方案，智能化安全以"全面覆盖、南北防御、东西监测、安全无感"为设计理念，在不影响感知、不增加负担、不影响操作的前提下全方位、全流程保护智能化安全。

5.3 网络安全体系设计

基于设计愿景和以往赛事的总结经验，安全体系的总体设计建议建立在成熟的等级保护体系基础上，选取自适应网络安全模型思想，突出重点保障和立体防护，构建全方位主动防御、动态监测、整体防控和精准防护，进一步强化"一个中心、多重防护"

的网络安全防御理念。设计时要坚持管理与技术并重,使信息保障的策略、过程、技术和机制在整个体育赛事的赛前、赛时、赛后三个阶段均得以落实,从而在整体上提升网络安全保护能力,切实维护和保障体育赛事的网络与信息系统整体安全。

体育赛事的网络安全体系设计,以覆盖"一平台、两张网(竞赛专网、管理专网)、多应用"的框架构建网络安全总体防护能力,以体育赛事的事前防护保障和检测监控、事中态势感知、事后应急溯源为基本框架思路,建立赛事的网络安全技术保障体系、网络安全服务保障体系、智能化与物联网安全体系、网络安全指挥调度体系、第三方安全监管体系五大网络安全保障体系,实现事前、事中、事后全方位、立体性的安全保障体系。

网络安全体系设计参考架构如图 5-2 所示,共包括 5 大体系 15 个方面。

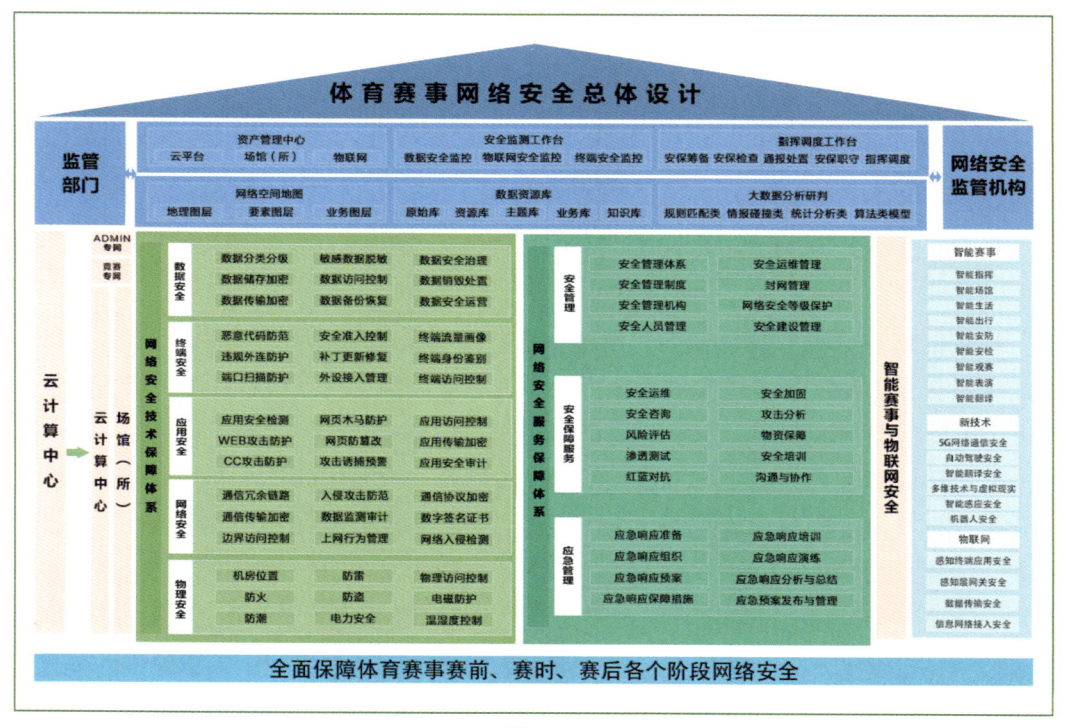

图 5-2

5.3.1 网络安全技术保障体系

赛事信息系统是赛事举办的重要保障,特别是国际综合类的体育赛事,必须依照国家相关法律法规,按照网络安全等级保护 2.0 标准及《关键信息基础设施安全保护条例》的要求设计网络安全技术保障体系,建立一体化全天候网络安全防护屏障。

体育赛事网络安全技术保障体系是围绕着云计算中心和场馆(所)两大业务应用

场景进行保障的，因此要将赛事信息系统的整个安全防护抽象成网络安全、应用安全、终端安全、数据安全几个维度，形成信息系统全方位立体防护体系。在信息系统安全防护的每一个维度，利用综合信息系统安全保障的技术管理和人员服务要素对信息系统进行安全保障。

体育赛事整体的通信网络主要覆盖竞赛专网和管理专网，包括两张专网的骨干网、场馆所和云计算中心。针对互联网开放的网络重点部署防御 DDoS 攻击、入侵攻击等网络恶意攻击事件，基于等级保护三级的建设要求采用冗余链路、通信加密、流量监测、上网行为管理等安全措施，保障体育赛事通信网络的安全生态环境。

体育赛事信息技术建设涉及的设备数量庞大、种类繁多，需要设计一整套互为补充且能够共同协作的安全解决方案。通过防病毒软件、主动威胁防护、系统防护、网络防护、外设管理、文件审计等防护手段，保障赛事运行期间整个主机及终端的可用性和业务连续性。

体育赛事信息系统的应用安全涉及应用安全域划分建议、应用系统上线、安全评估流程建议、等级保护定级等四个环节，从各方面完善体育赛事的应用安全防护体系，形成应用系统的安全闭环运营，全面构建体育赛事应用系统运行的安全防护能力。

体育赛事信息化业务开展过程中会采集（产生）、存储和处理大量的敏感数据，需要建立整体的数据安全治理保障体系，包括数据安全管理制度、数据全生命周期的安全防护、数据安全咨询服务等。通过数据安全风险监测和运营，从风险的发现、响应、决策，直到处置，不断地迭代和优化数据安全保障能力，逐步实现从"单点的被动保护"向"整体的主动防护"转变，为赛事运行保障期间的数据安全保驾护航。

云计算中心和场馆承载着体育赛事最为重要和核心的业务。云平台和云上业务防护安全要求云供应商应按照规范化要求进行安全防护设计、建设和运维。体育赛事的组织部门应对云计算中心的运行进行监管，并根据监管需要补充缺失的安全能力。场馆的网络安全设计以"感知良好、安全可靠"为愿景，按照不同场馆情况和特点进行差异化设计，以提供良好网络安全保障服务。每一个承担业务系统单元的安全建设，应按照不低于等级保护三级要求标准来完善网络安全技术服务和技术手段。

体育赛事网络安全技术保障体系要构建安全稳定、可控可信的网络运行环境，重点加强应用与数据安全保护，做好入网终端设备的安全管控，用先进的技术和手段，识别潜在的安全风险和隐患，提供全面的技术保障措施。

5.3.2 网络安全服务保障体系

体育赛事的网络安全目标包括保障信息系统的机密性、可用性、完整性，为赛事的顺利开展提供安全、稳定的全面信息环境。网络安全服务保障体系是为体育赛事网络安全保障任务提供全面技术、人力、物力支撑保障的基础，为总体的体育赛事保障提供全面的、专业的、有效的网络安全支撑。

网络安全服务保障体系是体育赛事网络安全保障项目的重要组成部分，为体育赛事网络安全保障提供全面的网络安全技术力量，提升体育赛事网络安全水平。根据信息系统的现状与规划，网络安全服务保障体系应建立立体网络安全服务故障体系，建立主动防御的纵深防御安全保障服务体系，覆盖终端、网络侧、服务端、数据层、应用层等全面网络安全防护服务体系，全面提升赛事信息系统以应对来自全球的网络安全攻击。

网络安全服务保障体系包含安全管理、安全保障服务、应急管理体系等内容，涵盖安全管理体系、安全运维体系、风险管理体系、应急管理体系、安全咨询、渗透测试、红蓝对抗、等级保护合规、安全加固、攻击分析、安全值守保障、物资保障、安全培训、沟通与协作等内容。通过对每个分项工作的内容描述、组织和开展，建立具有整套流程的网络安全服务保障体系，如上线前安全评估管理；通过制定上线前安全评估管理办法约定系统上线流程和环节、动作，开展交叉渗透测试，系统基线安全检查，代码审计，以及系统上线安全运维、情况监测，系统下线的关闭与确认。网络安全服务保障体系应该是一套全生命周期的体系，伴随保障目标的整个过程。

5.3.3　智能化与物联网保障体系

智能化与物联网安全包括5G通信、人脸识别、自动驾驶、智能翻译、多维技术与虚拟现实、智能感应、区块链、无人机、机器人、物联网等新技术和新应用场景在体育赛事中的应用。由于新技术和新应用场景的特点迥异，因此采用不同的网络安全方法对智能化和物联网安全部分进行设计。设计遵循技术螺旋式发展的客观规律和攻防相长定律，并充分考虑不确定性因素的"黑天鹅事件"发生概率。

新技术包括5G通信技术、人脸识别技术、自动驾驶技术、区块链技术、无人机技术、机器人技术等。新技术安全以安全控制设计为主，参考控制论的"闭环控制、动态控制、分级控制、分层控制"四大原则设计新技术安全防护控制体系。

新应用场景包括智能翻译、多维技术与虚拟现实、智能感应、物联网等。针对新应用场景的网络安全设计按照"分层防护、区域控制"的防护理念，采用传统IATF纵深防御模型结合等级保护2.0标准的技术控制要求进行设计，新应用场景的延伸区域采用网络安全域管理、划分和控制，以达到网络安全保障要求。

以引入安全熵概念为例，考虑到体育赛事智能化与物联网开放的特点，系统可能面临来自全球的网络安全攻击，这种攻击的不确定性和攻击行为对安全稳态的影响，采用网络安全熵计算智能化与物联网网络安全攻击风险与对抗防御效果，降低智能化和物联网暴露资产的供给面，控制可访问及人机交互的接口，减少网络安全风险。

5.3.4 网络安全指挥调度体系

　　网络安全指挥（运营）中心是体育赛事的"安全大脑"，总体架构设计应充分利用大数据的处理能力，统筹规划云计算中心、各场馆、物联网等数据资源，实现多元异构数据的接入，以大数据中心为基础实现以资产管理中心、安全监测工作台、指挥调度工作台为三大核心的网络安全运营指挥中心，形成"数据＋流程＋人员"的一体化机制平台。

　　通过采集竞赛专网、管理专网及各场馆（所）、云计算中心的网络资产数据、应用安全数据、流量监测数据、系统日志数据、恶意攻击样本数据、物联网安全数据、终端安全数据、威胁情报数据、等级保护检查数据。构建既能管理安全全域数据又能支撑多层次网络安全业务分析与计算需求的大数据基础支撑系统，形成标准的原始库、主题库、资源库、知识库和业务库。利用多源异构数据融合、关联分析可视化、溯源分析可视化等技术，形成大数据分析研判支撑中心，智能感知攻击中的安全事件，从而提升体育赛事网络安全保障队伍的人工研判能力。全方位全天候掌握竞赛专网、管理专网中系统和网络安全状况，及时通报预警网络安全隐患，高效处置网络安全事件，并实现和国家、城市监管机构之间的网络安全事件联动。

　　网络安全指挥调度体系是体育赛事网络安全的中枢，是第一时间研判和指挥网络安全事件应急处置的大脑。随着体育赛事网络安全挑战的加剧，未来网络安全指挥调度中心将逐渐从现有的 IT 技术运行中心（Information Technology Command Centre，ITCC）中剥离出来，并单独成立和建设网络与网络安全监控指挥调度中心，以提升指挥和处理效率。

5.3.5 第三方安全监管体系

　　随着新兴技术与应用的深化，供应商/供应链的安全重要性日益突显。体育赛事往往要进行采购，或由大量供应商/供应链参与提供和保障各个环节，由于供应商和供应链更容易成为网络安全防护的薄弱环节，因此不仅要防范供应商/供应链上下游企业带来的安全漏洞，同时也要防范供应商/供应链遭受网络攻击后对体育赛事带来的不良影响。因此需要建立完善的第三方安全监管机制，实现对供应商/供应链的安全监管工作，降低供应商/供应链带来的风险，从而保障体育赛事供应环节的网络安全。

　　要做好供应商/供应链的网络安全保障工作，就需要体育赛事的组织机构或网络安全部门从第三方安全监管的视角对供应商/供应链开展网络安全监管工作，包括建立符合体育赛事业务需求的第三方安全监管体系，协助对信息技术相关承建方、服务供应商进行安全监管、检查和跟进。监管体系从"安全检测、安全监测、安全审计、安全跟踪"四个阶段出发，采用人工检查、安全监测、安全分析等技术手段，从独立、客观、专业的角度识别发现信息技术相关承建方、服务供应商的网络安全问题和风险，并跟踪改进，从而提升信息技术相关承建方、服务供应商的安全保障能力。

5.4 赛事运行网络安全设计

赛事运行网络安全设计是运动会所有网络安全总体设计的核心所在。根据体育赛事特点和赛事运行的要求，结合对体育赛事面临的风险分析、安全需求分析，以及网络安全保障对象的理解，赛事运营安全设计提出并规划了赛前实施阶段、赛时运行保障阶段、赛后阶段三个阶段的网络安全保障计划，设计了赛事运营安全体系，确保能够按照预期安全、高效、稳定地保障赛事网络安全。

体育赛事的网络安全工作是全生命周期的，具有动态变化和挑战的特点。如果必须在体育赛事网络安全工作中找到一个重要时期节点，那一定是赛事运行保障阶段。因为所有的准备工作和设计规划、保障服务都是为了赛事的安全、稳定运行。现代体育赛事所呈现的场馆化运行特点也让网络安全工作呈现出典型的"两点一线"，即承载所有核心系统的云计算中心和场馆化运行，连接它们的是竞赛的网络系统，并且呈现出"一个中心，多点接入"的星状结构。

体育赛事的网络安全运行三阶段不仅具备体育赛事运行机制的特点，如大家所熟知的，体育赛事信息化体现在"两点一线"中，但是大型体育赛事实质上是一场整个城市、几个城市甚至国家的盛大体育聚会，网络安全在满足盛大聚会的同时会无限延伸其保护范畴。体育赛事安全运营的阶段划分也是由整个城市网络安全保护演变而来的。通过对不同阶段的划分，明晰不同阶段、时间的工作重点，倒排时间，制定好工作计划和工作预期来统筹管理体育赛事的网络安全工作。

体育赛事的安全运行总体设计如图 5-3 所示，包括"赛前实施阶段，赛时运行保障阶段，赛后处置阶段"三部分。

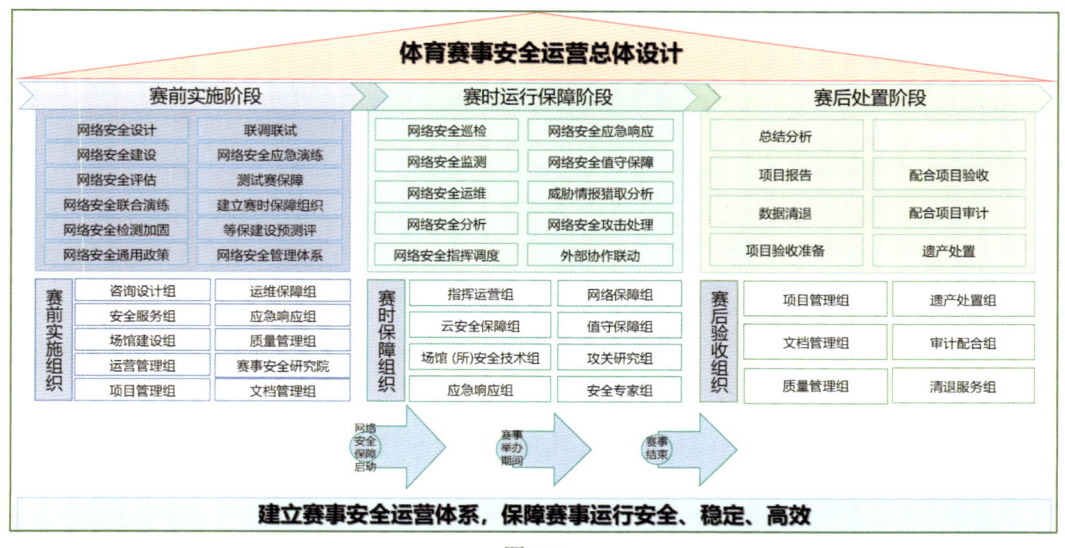

图 5-3

5.4.1 赛前实施阶段设计

赛前实施阶段是赛事网络安全保障的关键阶段，同时也是决定赛事成功的关键因素，大量的赛前准备工作、基础技术工作必须落到实处。在这个阶段构建起网络安全工作流程，开展各项技术保障的准备工作，包括网络安全规划、网络安全建设、网络安全防御体系实施、网络安全检测、等级保护定级/备案/测评、网络安全加固、网络安全培训、网络安全应急等多个方面。因此赛前实施阶段的网络安全保障工作是赛事网络安全整体工作的基石。本阶段的安全设计重点是建立赛时保障组织和实施赛事网络安全建设、评估工作。这阶段的工作也包括网络安全联合演练、测试赛保障等。

赛前阶段将从管理和技术两方面开展工作。在网络安全工作启动后建立赛前实施组织、赛时保障组织、赛后验收组织，结合赛事现状及要求，设计网络安全保障方案、网络安全管理体系、网络安全通用政策，同时开展网络安全建设、网络安全评估、网络安全检测加固、网络安全应急演练工作，健全和完善网络安全防护技术手段，不断复盘和提高工作质量，赛前阶段的工作实际就是不断优化和提升网络的安全。

5.4.2 赛事运行保障阶段设计

赛事运行保障阶段是网络攻击的高发阶段，也是网络安全保障工作中的核心阶段，因此本阶段的核心工作是对网络安全进行重点保障和值守，是对各类安全事件的实时监测、态势感知与应急响应。

在赛事运行保障阶段，重点时段、重点区域和重点目标需要安排专人进行全天候值守、实时监测攻击、日志分析研判、威胁情报收集、攻击处置等，最大限度预知和防范安全事件。当安全事件发生时，依照前期制定的预案进行应急响应，从而降低事件的不良影响并第一时间恢复业务。面对复杂疑难攻击，要有专家队伍和研究攻关团队，确保赛事网络安全的万无一失。

赛事运行保障阶段就是真正面临网络攻防实战的战场，整个保障计划应要匹配赛事运行计划，场馆网络安全保障需要按照既定的场馆安全运行计划落实执行，在赛事运行阶段保障重要且容易被忽略的事情就是安全事件的上报。遇到或发生网络安全事件时，现场保障人员应第一时间按照既定的方案进行处置，因为网络安全攻击或事件处置的及时性要求高，能够进一步避免扩散或降低侵入的成功率。

当完成网络安全事件的应急处理后，驻点保障的网络安全人员应该及时通过系统完成网络安全事件处置的上报。这往往是网络安全人员容易忽视的，他们认为完成了网络安全事件的处置，避免了坏的结果发生，就是一起完美的网络安全应急。实际上，指挥中心的专家需要每一起网络安全事件的上报，他们需要研判这起网络安全事件是否具有针对性，是否具有共性，是否会全局性同步网络，攻击者是否会转移目标，病毒是否会无限传染扩散等因此赛事运行阶段网络安全事件的处置需要按照设定的流程来完成上报。要从全局的角度重新认识体育赛事网络安全的特点。

5.4.3 赛后处置阶段设计

赛后阶段是体育赛事生命周期的最后收尾阶段，该阶段的安全设计重点工作是项目分析总结、验收审计、数据清退和相关网络安全遗产的处置。

网络安全组织架构将建立赛后配合验收项目管理组织，对体育赛事的网络安全保障工作进行分析、总结，并配合开展验收、审计工作。验收、审计工作完成后，进行数据清除、设备下架回收等工作。

体育赛事的网络安全工作是重要的城市遗产，专门的组织机构将决定这些网络安全遗产处理和保留，包括网络安全相关数据资产备份保留、网络安全经验遗产的保留等。

赛后阶段的总结同样非常重要，特别是大型的综合类体育赛事组织具有周期长、投入精力大的特点，其过程中的优缺点需要人们提炼、总结和不断完善。大型综合类体育赛事的网络安全保障实质是考验承办城市的网络安全综合保障能力，因此，赛后的总结将会赋能城市的网络安全建设，为后续的城市网络空间保护提供诸多借鉴，是一笔宝贵的网络安全遗产。

第 6 章 场馆网络安全建设

体育赛事场馆可分为竞赛场馆、非竞赛场馆、训练馆等。竞赛场馆用于赛事活动举办，非竞赛场馆用于服务和保障赛事运行，训练馆用于赛前训练等。竞赛及非竞赛场馆网络安全建设包括场馆侧系统、网络（竞赛专网、管理专网）、终端等内容；而训练馆仅用于赛前训练，通常情况下不接入相关网络，因此以往体育赛事均较少考虑其网络安全建设。

6.1 场馆分类要求

根据场馆承担的具体功能和规模，体育赛事场馆至少可划分为三类：一类场馆、二类场馆、三类场馆。

6.1.1 一类场馆

一类场馆主要包括开闭幕式场馆，足球、田径等大型竞赛场馆，以及运动员村、主运行中心（MOC）、IT技术运行中心（ITCC）、国际广播中心（International Broadcast Centre，IBC）、主新闻中心（Main Press Centre，MPC）等重要非竞赛场馆。

一类场馆在网络建设中，应遵循以下原则：

（1）多路由环状骨干：通信线路应经至少三路由接入，多路由组成环状网络，确保任意两个路由之间的物理链路或逻辑链路中断都不影响业务功能。

（2）确保网络流量充分冗余：应使用具有足够性能冗余的网络设备及安全设备，特别是串接在骨干链路中的交换机、防火墙等设备。

（3）充分考虑终端数量：一类场馆通常用户终端众多，充分考虑终端防护软件的普遍性。

6.1.2 二类场馆

二类场馆包括除足球、田径之外的普通竞赛场馆,以及注册中心等非竞赛场馆。

二类场馆在网络建设中,应遵循以下原则。

(1) 双路由接入:通信线路应经双路由接入,双链路互为冗余热备。

(2) 确保网络流量有一定冗余:应使用具有性能冗余空间的网络设备及安全设备,特别是串接在骨干链路中的交换机、防火墙等设备。

(3) 充分考虑终端数量:二类场馆通常用户终端较多,充分考虑终端防护软件的普遍性。

6.1.3 三类场馆

三类场馆包括高铁站、机场等抵离场所和物流工厂等基础设施一般性的非竞赛场馆。

三类场馆本地不存在数据的存储,终端数量较少,而且遭到破坏也不影响赛事活动的正常进行。因此大型体育赛事的三类场馆本地一般不再建设除防火墙以外的安全防护能力,所有的安全防护能力由 IT 技术运行中心(ITCC)提供。

6.2 场馆网络安全设计思路

场馆网络安全建设的重点是竞赛专网和管理专网,二者均为大型体育赛事的核心网络。所有竞赛及非竞赛场馆均要分别建设竞赛专网和管理专网,每个网均须独立部署场馆侧网络、应用系统和终端等,二者在网络安全建设上有一定的共性。

竞赛专网和管理专网等级保护定级通常为三级,其安全设计需要遵循《中华人民共和国网络安全法》,依据网络安全等级保护 2.0 标准的技术要求。本书参照等级保护三级要求,将网络安全划分为安全物理环境、安全通信网络、安全区域边界、安全计算环境、安全管理中心进行设计。

6.3 场馆网络拓扑设计

根据大型体育赛事场馆的实际网络需求,针对网络的安全建设进行设计,下面介绍整体网络安全架构设计。

6.3.1 场馆竞赛专网拓扑设计

场馆竞赛专网拓扑设计如图 6-1 所示。

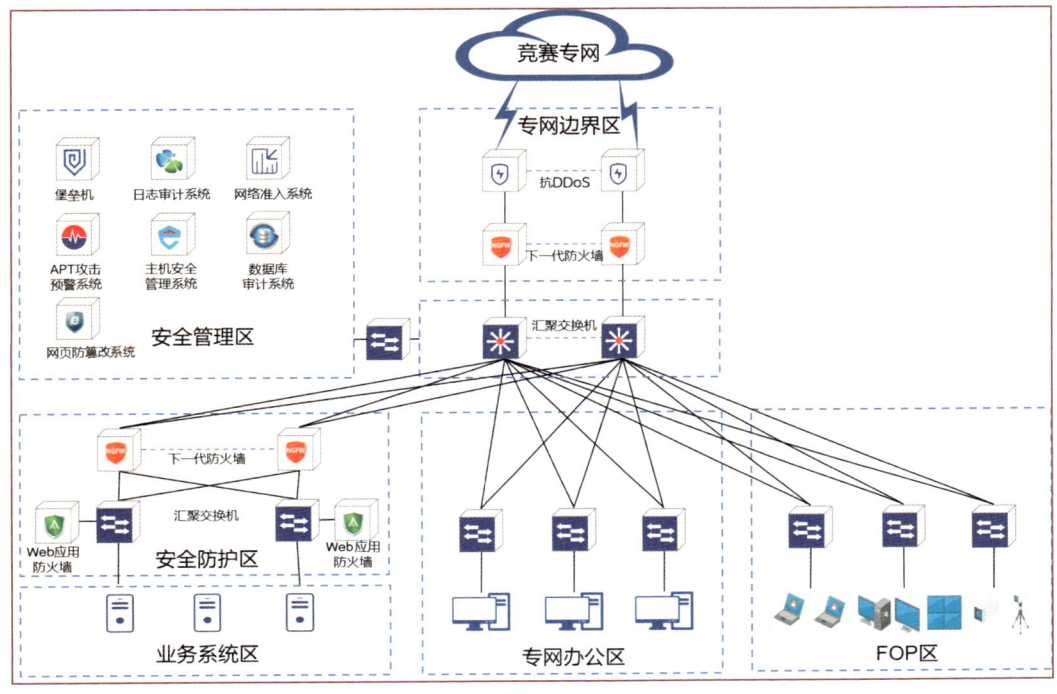

图 6-1

1．多路由设计

为确保体育赛事各场馆的链路万无一失，场馆内竞赛专网出口多采用双路由甚至多路由的链路进行冗余设计。

2．冗余设计

在场馆竞赛专网主干链路上的网络设备、安全设备均应采用 2 台硬件做冗余部署，同时采用冗余链路配置，保障通信线路、关键网络设备的可用性。

3．网络区域划分与隔离保护

根据竞赛专网物理隔离的要求，结合区域边界访问控制原则，可以将场馆竞赛专网均划分为安全管理区、专网边界区、安全防护区、业务系统区、专网办公区、FOP区（比赛区域）。汇聚交换机将几个主要区域连接起来。

1）安全管理区

安全管理区采用带外管理方式，实现对整个竞赛专网的网络安全运维管理。建议部署的安全产品包括如下。

（1）堡垒机：部署堡垒机，对运维人员的运维行为进行管控，实现运维操作可管、可控、可审、可追溯。

（2）日志审计系统：部署日志审计系统，采集场馆内竞赛专网各类网络设备、安全设备、主机设备的日志，并对所采集的日志进行范化、检索、审计和存储。

（3）网络准入系统：部署网络准入系统，对接入专网的终端进行安全检查，在满足相应安全策略后才能访问网络。

（4）APT攻击预警系统：部署APT攻击预警系统，检测网内是否存在高级威胁行为，分析、精准定位APT攻击链条、提升未知威胁发现能力。

（5）主机安全管理系统：部署主机安全管理系统，对终端及服务器进行安全防护、勒索病毒防护等。

（6）数据库审计系统：部署数据库审计系统，全程记录数据库操作记录，用于数据库、回溯和故障定位。

（7）网页防篡改系统：部署网页防篡改系统，对系统服务器上的页面文件、数据库文件等实施动态访问控制。

2）专网边界区

专网边界区是整个竞赛专网的边界，负责外部网络接入和边界控制。建议部署的安全产品包括如下。

（1）抗DDoS系统：专网边界部署网络抗DDoS系统，用于网络异常流量清洗、进行DDoS防护。

（2）下一代防火墙：在边界部署下一代防火墙，对访问内部业务系统的请求进行访问控制，防止非法访问。入侵防御模块，可以对入侵行为进行防护阻断。防病毒模块能够探测各种病毒威胁，过滤恶意代码等病毒攻击。

3）安全防护区

安全防护区主要为场馆业务系统区提供边界安全防护。

竞赛场馆与非竞赛场馆的竞赛专网在该区域划分上会有所不同，主要在于系统需求的不同。竞赛场馆本地均部署有计时记分、场馆成绩处理等竞赛相关系统；而非竞赛场馆主要根据其功能特性部署不同的业务系统，同时在系统规划不明确的情况下也有纯云化部署的可能。

建议部署的产品如下。

（1）下一代防火墙：在边界部署下一代防火墙，对访问场馆业务系统的请求进行访问控制，防止非法访问。配置入侵防御模块，可以对入侵行为进行防护阻断。防病毒模块能够探测各种病毒威胁，过滤恶意代码等病毒攻击。

（2）Web应用防火墙：旁路部署Web应用防火墙，用于防护Web攻击行为，保护Web业务系统。

4）业务系统区

业务系统区是竞赛专网的核心区域，部署场馆竞赛专网主要的业务系统服务器，是网络安全防护的重点区域。

5）专网办公区

专网办公区用于竞赛专网的日常办公、日常运维的终端接入。

6）FOP 区（比赛区域）

FOP 区用于竞赛专网比赛专用终端的接入，以及比赛中使用的计时记分设备等。

注：非竞赛场馆竞赛专网无须划分该区域。

6.3.2 场馆管理专网拓扑设计

场馆管理专网（ADMIN 专网）拓扑设计如图 6-2 所示。

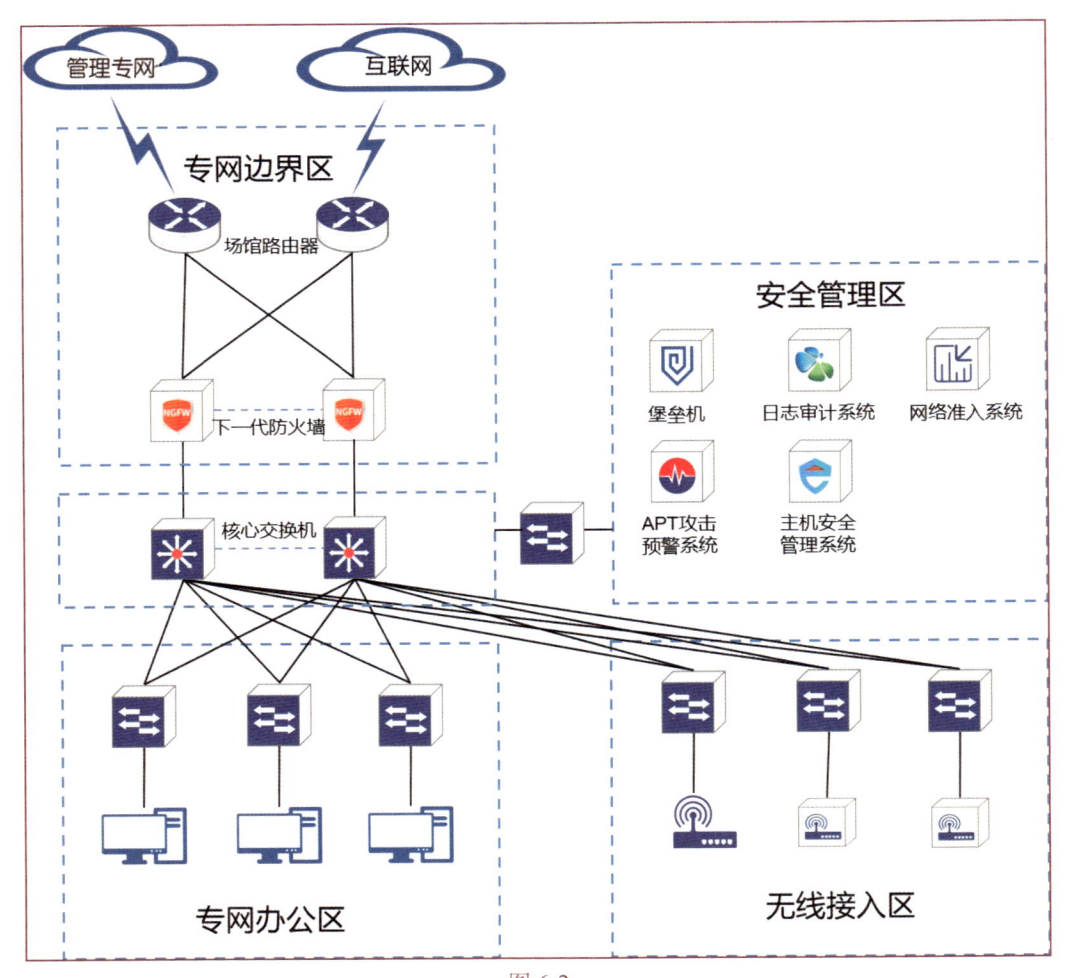

图 6-2

1. 多路由设计

为确保大型体育赛事各场馆的链路万无一失，场馆内管理专网出口为多路由冗余设计。

2. 冗余设计

在管理专网主干链路上的网络设备、安全设备均应采用2台硬件做热冗余方式部署，同时采用冗余链路配置，保障通信线路、关键网络设备的可用性。

3. 网络区域划分与隔离保护

管理专网有互联网访问、办公业务等多种流量，结合区域边界访问控制原则，将场馆侧管理专网区域划为4个区域。

1）安全管理区

安全管理区采用带外管理的方式，实现对整个场馆管理专网的网络安全管理工作。

（1）堡垒机：部署堡垒机，对运维人员的运维行为进行管控，实现运维操作可管、可控、可审、可追溯。

（2）日志审计系统：部署日志审计系统，采集场馆内管理专网各类网络设备、安全设备、主机设备日志，并对所采集的日志进行范化、检索、审计和存储。

（3）APT攻击预警系统：部署APT攻击预警系统，检测网内是否存在高级威胁行为，分析、精准定位APT攻击链条、提升未知威胁的发现能力。

（4）主机安全管理系统：部署主机安全管理系统，对各类终端进行安全防护、终端间访问控制、勒索病毒防护等。

（5）网络准入系统：部署网络准入系统，对接入专网办公区的终端进行接入前安全检查，在满足相应安全策略后才能访问网络。

2）专网边界区

专网边界区是整个场馆互联网和云计算中心联通的边界，负责外部网络接入和边界控制。

在边界部署下一代防火墙，对访问内部业务系统的请求进行访问控制，防止非法访问。入侵防御模块，可以对入侵行为进行防护阻断。防病毒模块能够探测各种病毒威胁，过滤恶意代码等病毒攻击。

3）专网办公区

专网办公区用于场馆管理专网日常办公、日常运维的终端接入。

4）无线接入区

无线接入区为移动接入终端提供无线上网服务。终端通过无线接入控制器统一验证后，通过互联网核心交换机边界出口访问互联网。必须在接入区域与管理专网核心网络之间采用有效的访问验证和数据管控设备，如用无线接入控制器AC对移动接入终端进行审计和管控。

6.4 场馆机房通用物理安全设计

机房物理环境安全是大型体育赛事场馆网络安全保障的基础条件。物理环境安全必须具备环境安全、设备安全和介质安全等物理支撑环境，保护网络设备、设施、介质和信息免受自然灾害、环境事故以及人为物理操作失误或错误导致的破坏、丢失，防止各种通过物理手段进行的破坏行为。可以参照《GB9361 计算机场地安全要求》中 A 类机房的要求以及网络安全等级保护 2.0 标准中的三级物理安全要求进行建设。

场馆机房的物理环境安全应至少符合以下要求。

1．机房位置选择

机房位置的选择是物理环境安全的根本。

（1）机房场地应选择在具有防震、防风和防雨等能力的建筑物内。

（2）机房场地应避免设在建筑物高层、地下室，以及用水设备的下层或隔壁，否则应加强防水和防潮措施。

（3）机房场地应不存在雨水渗漏、因风导致的尘土，以及屋顶、墙体、门窗和地面破损开裂等情况。

2．机房物理访问控制

（1）机房出入口应有专人值守，鉴别进入人员的身份并登记在案。

（2）进入机房的来访人员应经过批准，并限制和监控其活动范围。

（3）配置电子门禁系统，鉴别和记录进入人员的身份并监控其活动。

3．防盗窃和防破坏

（1）将设备或主要部件进行固定，并设置明显的不易除去的标识。

（2）将通信线缆铺设在地下、管道、桥架等隐蔽处。

（3）设置机房防盗报警系统或设置有专人值守的视频监控系统。

4．防水、防火及防雷击

（1）将各类机柜、设施和设备等通过接地系统安全接地，并设置防雷击保护器或过压保护装置防止感应雷电，设施应通过国家气象部门检测。

（2）机房应设置火灾自动消防系统，能够自动检测火情、自动报警，并自动灭火；机房、相关的工作房间和辅助房间应采用具有耐火等级的建筑材料对机房实施划分区域管理，区域和区域之间设置隔离防火措施。

（3）机房窗户、屋顶和墙壁采取防雨水渗透措施；具有防止水蒸气结露的措施；具有排泄地下积水，防止地下积水渗透的措施；安装机房漏水监测系统，对机房进行防水检测和报警。

5．机房环境控制
（1）配置机房专用精密空调，使机房温湿度变化在设备运行所允许的范围之内。
（2）在机房供电线路上配置稳压器（或带稳压功能的UPS）和过电压防护设备。
（3）提供短期的备用电力供应，至少满足设备在断电情况下的正常运行要求。
（4）设置双路电力电缆线路为计算机系统供电。

6．机房防静电及电磁防护
机房中应采用必要的接地、铺设防静电地板等防静电措施。
（1）机房放置静电消除器，并提供佩戴防静电手环等设备防止静电产生。
（2）采用接地方式防止外界电磁干扰和设备寄生耦合干扰。
（3）电源线和通信线缆应隔离铺设，避免互相干扰。

6.5 场馆竞赛专网安全建设

6.5.1 场馆竞赛专网

场馆竞赛专网用于接入赛事管理系统（GMS）、赛事成绩系统（GRS）、成绩发布系统（RDS）及赛事支持系统（GSS）等基础网络。本地主要包括计时记分、场馆成绩处理等竞赛系统，是大型体育赛事的核心网络，其主要特点是网络延时低和安全可靠性高。

6.5.2 通信网络安全

1．网络安全架构
竞赛专网网络安全架构规划主要包括以下几方面内容：
（1）冗余设计：针对主要网络设备、安全设备进行硬件冗余和通信线路冗余设计，保证系统的可用性；
（2）网络区域划分与隔离保护：根据业务系统功能及安全级别等相似性原则，划分不同的网络区域，且在重要网络区域与其他网络区域之间采取可靠的技术隔离手段，如防火墙、安全隔离等设备；
（3）冗余资源保障：为了保障网络通信设备能够满足业务高峰期的性能需求，主要网络设备、通信网络带宽必须在满足业务高峰期资源需求的基础上，考虑占比不少于30%的资源冗余。

2．通信传输

为了保证竞赛专网数据在传输过程中的完整性，必须采用 SSL 等安全加密技术。

6.5.3 区域边界安全

1．边界防护

竞赛专网的区域边界防护通过防火墙访问控制策略、安全准入和终端安全管理实现，主要包括以下几方面内容。

（1）在竞赛专网边界部署具有安全访问控制功能设备（如防火墙），并配置指定端口进行跨越边界的网络通信，且启用该端口的安全策略。

（2）针对非授权设备私自连到内部网络，以及对内部用户非授权连到外部网络的行为进行检查。

（3）收集竞赛专网所有信息设备的信息，根据不同的安全域赋予其相应的固定 IP 地址，在交换设备、防火墙设置 IP/MAC 地址绑定，或者利用 802.1X 协议等技术建立网络准入机制。

（4）竞赛专网部署网络安全接入系统。对场馆中接入网络的各种终端实现接入授权、安全检查与修复、访问权限管理、使用状态监控。

2．访问控制

竞赛专网的区域边界访问控制通过防火墙开启访问控制策略和应用内容管理模块实现，主要包括以下几方面内容。

（1）在竞赛专网边界区、业务系统边界防护区部署具有访问控制功能的设备（如防火墙等），并根据区域间的访问控制策略设置相应的访问控制规则，默认必须拒绝所有受控接口网络通信。

（2）在具备访问控制功能的设备配置基于源地址、目的地址、源端口、目的端口和协议等会话信息状态的访问控制规则，从而为进出网络的数据流提供端口级别的访问控制能力。

（3）在竞赛专网边界和业务系统边界等关键网络区域进出口位置部署具备应用协议和应用内容访问控制功能的设备（如防火墙带 IPS、防毒、内容过滤模块），并在区域间设置相应的访问控制规则，实现对应用层 HTTP、HTTPS、FTP、TELNET、SMTP 和 POP3 等协议的命令级控制。

3．入侵防御

竞赛专网的区域边界入侵通过入侵防御设备实现，主要包括以下几方面内容。

（1）在竞赛专网的业务系统边界防护区部署入侵防御设备，实现对外部发起或内部发起的网络攻击行为的检测，并确保特征规则库更新到管理制度规定的封网日期前的最新版本。

（2）在竞赛专网核心交换机旁路部署一台 APT 攻击预警系统，通过核心交换机，采用端口镜像方式，把所有接入核心交换机端口的双向流量都镜像一份到 APT 攻击预警系统上，从而实现对外部对内部、内部对外部、内部横向的网络攻击行为进行深度检测和分析。

（3）旁路部署的 APT 攻击预警系统提供 Web 攻击检测、邮件攻击检测、病毒木马检测等能力，同时对通过沙箱技术实现未知的新型网络攻击进行检测和分析，并确保特征规则库更新到管理制度规定的封网日期前的最新版本。

（4）当检测到攻击行为时，记录攻击源 IP 地址、攻击类型、攻击目的、攻击时间，在发生严重入侵事件时应提供报警。

（5）对所有路由器和交换机等相关设备的闲置物理端口进行物理密封。

（6）对固定终端木马回连等隐匿通信通道应建立相应的检测机制。

4．恶意代码防范

竞赛专网边界恶意代码防范通过防火墙防病毒模块及 APT 攻击预警系统实现，主要包括以下几方面内容。

（1）在竞赛专网边界部署的防火墙开启防病毒模块，并确保恶意代码库升级和更新到管理制度规定的封网日期前的最新版本，从而实现对各类终端访问专网流量的恶意代码进行检测和清除。

（2）在核心交换机旁路部署的 APT 攻击预警系统，通过病毒木马检测、邮件威胁检测功能实现对进出口流量的恶意代码攻击进行检测、对基于邮件的恶意文件攻击行为进行检测，并确保特征规则库更新到管理制度规定的封网日期前的最新版本。

5．安全审计

竞赛专网的区域边界通过日志审计、堡垒机、EDR 管理平台实现网络流量、用户行为、安全事件等审计工作，主要包括以下几方面内容。

（1）在竞赛专网的安全管理区，旁路部署一台日志审计系统，实现所有网络设备、安全设备、主机系统、业务系统等重要安全事件和行为事件日志信息汇总到审计平台，从而进行不同类型协议的日志解析、关联分析和可视化呈现。

（2）通过日志审计系统对审计记录进行集中存储和保护，并定期备份，避免受到未预期的删除、修改或覆盖等。审计记录的留存时间至少为 6 个月。

（3）在竞赛专网的安全管理区旁路部署一台堡垒机，实现对所有网络设备、安全设备、主机系统等远程运维行为的监控和审计，实现统一账号管理、统一认证授权、统一单点登录、统一过程审计。

（4）在竞赛专网的安全管理区旁路部署一台 APT 攻击预警系统，通过对边界网络进出数据流进行深度检测分析实现对数据通信行为的审计。

6.5.4 计算环境安全

1. 终端环境安全

竞赛专网的办公、运维和比赛办公终端的安全通过主机安全管理系统、综合日志审计及相应终端安全防护策略实现，主要包括以下几方面内容。

1）身份鉴别

针对登录办公终端设备操作系统的用户身份进行身份鉴别的建设内容如下。

针对竞赛专网所有办公终端进行统一的安全策略配置，强制要求用户的登录密码长度至少为 8 位，应由数字、大小字母与特殊字符组成，并定期更换。

2）访问控制

针对终端设备访问控制的建设内容如下。

（1）针对竞赛专网所有办公终端进行统一的安全策略配置，通过组策略的方式禁止通过 USB 等外设进行数据交换，关闭不必要的服务和端口等。

（2）通过对竞赛专网所有办公终端部署专用的主机安全管理系统，实现对系统账户登录进行细粒度的精准访问控制，支持对访问来源、访问时间的配置，实时阻断非法登录。

（3）实现终端应用的黑白名单机制，仅允许启动授权的应用、进程与服务。

3）安全审计

针对终端设备安全审计的建设内容如下。

（1）开启终端系统本地的日志审计功能，对场馆竞赛专网所有办公终端部署安装日志采集插件，把系统日志推送到日志审计系统，实现对终端系统日志统一管理和安全审计。

（2）通过日志审计系统实现对审计记录的集中存储和保护，并定期备份，避免受到未预期的删除、修改或覆盖等，审计记录的留存时间至少为 6 个月。

（4）入侵防范

针对终端入侵防范的建设内容如下。

（1）通过对竞赛专网内终端采用漏洞扫描工具，定期对系统进行漏洞扫描，及时发现终端系统存在的漏洞，及时安装更新操作系统补丁，避免漏洞被利用，并确保漏洞规则库更新到管理制度规定的封网日期前的最新版本。

（2）通过对竞赛专网所有终端部署主机安全管理系统并开启病毒查杀功能，避免终端操作系统被病毒感染而遭受入侵，并确保特征规则库更新到管理制度规定的封网日期前的最新版本。

（3）通过 APT 攻击预警系统能检测终端入侵行为，根据入侵事件的风险程度进行分类报警，能记录入侵的源 IP 地址、攻击的类型、攻击的目的、攻击的时间，并在发生严重入侵事件时提供报警。

（4）针对业务系统相关的终端可根据需要进行更新。

（5）对于对端口进行恶意探测的行为能够发现并及时进行告警。

5）恶意代码防范

针对终端恶意代码防范的建设内容如下。

通过对竞赛专网所有终端及具有操作系统的物联网设备部署安装网络版杀毒软件客户端，实现终端防病毒的统一管理，并定期更新防恶意代码软件版本和恶意代码库。

2. 服务器环境安全

竞赛专网的应用服务器的操作系统、数据库系统安全保障的实现，主要包括以下几方面内容。

1）身份鉴别

针对登录服务器操作系统、数据库系统的用户进行身份鉴别的建设内容如下。

（1）对登录服务器操作系统和数据库系统的用户进行身份标识和鉴别，为不同用户分配不同的用户名，不能多人使用同一用户名。

（2）强制要求用户的登录密码长度至少为8位，应由数字、大小字母与特殊字符组成，并定期更换；用户名和密码禁止相同。

（3）启用登录失败处理功能，可采取结束会话、限制登录次数和自动退出等措施。

（4）通过竞赛专网的堡垒机实现对登录各业务服务器的用户进行统一集中授权和管理，并通过堡垒机实现双因素验证，强化登录用户的身份鉴别措施。

2）访问控制

通过对竞赛专网各业务服务器系统进行安全策略设置，实现对服务器访问行为的控制，具体的建设内容如下。

（1）启用访问控制功能，依据安全策略控制用户对资源的访问，根据需要禁止通过 USB、光驱等外设进行数据交换，关闭不必要的服务和端口等。

（2）根据管理用户的角色分配权限，实现管理用户的权限分离，仅授予管理用户所需的最小权限。

（3）对服务器操作系统和数据库系统特权用户进行权限分离。

（4）限制默认账户的访问权限，重命名系统默认账户，修改账户的默认密码。

（5）及时删除或停用多余的、过期的账户，避免共享账户的存在。

3）安全审计

在场馆竞赛专网的 Windows 服务器端安装专用日志采集插件，在 Linux 系统上开启 Rsyslog 配置，从而把服务器日志推送到日志审计系统，实现对服务器系统日志统一管理和安全审计。

（1）针对数据库系统的安全审计，是通过在核心交换机旁路部署一台数据库审计设备，实现对所有访问数据库行为进行安全审计。

（2）通过日志审计系统和数据库审计系统，实现对系统中所有接口服务器、应用服务器、数据库服务器等重要服务器的操作系统和数据库访问行为进行审计，审计粒度为用户级。

（3）实现对审计记录的集中存储和保护，并定期备份，避免受到未预期的删除、修改或覆盖等，审计记录的留存时间至少为 6 个月。

（4）审计记录应包括事件的日期和时间、用户、事件类型、事件是否成功及其他与审计相关的信息。

4）入侵防范

对竞赛专网各业务服务器部署专用的主机安全管理系统，为主机提供病毒查杀、勒索病毒查杀与防御、系统登录防护、弱密码检测、业务流量隔离、补丁分发、性能监控、防端口扫描等安全检测与防御功能，具体建设内容如下。

（1）服务器操作系统应遵循最小安装的原则，仅安装需要的组件和应用程序，关闭不需要的系统服务、默认共享和高危端口。

（2）通过 APT 攻击预警系统检测对重要服务器进行入侵的行为，根据入侵事件的风险程度进行分类报警，记录入侵的源 IP 地址、攻击的类型、攻击的目的、攻击的时间，并在发生严重入侵事件时提供报警。

（3）通过 EDR 实现对端口恶意探测的行为发现并及时告警。

5）恶意代码防范

针对竞赛专网各业务服务器安装部署主机安全管理系统客户端，实现对恶意代码的防护，具体的建设内容如下。

（1）通过主机安全管理系统对客户端进行恶意代码防护，并定期更新防恶意代码软件版本和恶意代码库。

（2）针对业务系统相关的核心服务器根据实际应用进行安装部署，避免造成操作系统崩溃。

6）数据完整性

竞赛专网各业务应用系统的数据要求采用防篡改模块对文件数据进行实时监控，发现有对网页进行修改、删除等非法操作时，进行实时保护，保障 Web 站点数据不被篡改。

7）数据保密性

场馆竞赛专网各业务系统的数据传输要求采用 SSL 加密方式进行。

8）数据备份恢复

应对竞赛应用数据采取多种备份方式，保证系统重要数据在发生破坏后能够恢复。

（1）对应用系统的重要数据提供本地数据备份与恢复功能，并对数据库制定合理的备份和恢复策略。应对数据进行每天全量备份、每天增量备份或定期全量备份，并定期测试数据库的备份和恢复效果，做好详细记录。

（2）应提供灾备中心或者云上备份功能，对重要数据提供异地数据级备份，保证当本地系统出现灾难性后果导致重要数据不可恢复时，可利用异地保存的数据进行恢复。数据库管理员应启用异地实时备份功能，通过网络将重要配置数据、重要业务数据实时备份至备份场地。

（3）提供重要数据处理系统的热冗余，针对重要赛事应用数据能进行及时切换，保证系统的高可用性。

6.5.5 安全管理中心

将区域边界安全、计算环境安全、安全管理中心的相关数据回传到大型体育赛事网络安全管理指挥中心，以集中管理网络安全事件，分析潜在的网络安全风险，这样可以支持安保团队，进行安全决策。

1．系统管理

通过堡垒机对竞赛专网各网络设备、安全设备、服务器等系统管理员进行统一授权和管理操作行为审计，具体建设内容如下。

（1）系统管理员必须通过堡垒机身份验证后，才能进入权限范围内的主机运维管理界面，并对系统进行管理操作，可以详细记录各类操作日志，包括重要的日常操作、运行维护记录、参数的设置和修改等内容，并对这些操作进行审计。

（2）系统管理员可以对系统进行配置、控制和管理，包括网络设备、安全设备、服务器等。

2．审计管理

通过堡垒机对竞赛专网各网络设备、安全设备、服务器等的审计管理员进行统一授权和安全审计操作进行审计，具体建设内容如下。

（1）审计管理员必须通过堡垒机身份认证后，才能够进入权限范围内的主机审计管理界面，并对运维操作进行审计管理。

（2）能够对审计记录进行分析，并根据分析结果进行处理，包括根据安全审计策略对审计记录进行存储、管理和查询等。

3. 安全管理

通过堡垒机对竞赛专网的网络设备、安全设备、服务器等的安全管理员进行统一授权和安全管理操作行为审计，具体建设内容如下。

（1）安全管理员必须通过堡垒机身份认证后，才能够进入权限范围内的主机安全管理界面，并对系统进行管理操作。

（2）安全管理员可以对系统中的安全策略进行配置，包括安全参数的设置，对主体、客体进行统一安全标记，对主体进行授权，配置可信验证策略等。

4. 集中管控

竞赛专网的集中管理建设内容如下。

（1）划分单独的网络安全管理区，集中部署安全管理设备，如日志审计、堡垒机、APT 攻击预警系统等．

（2）划分单独的管理 VLAN 网络，采用带外管理网络对安全设备或安全组件进行管理。

（3）采用机房运维审计系统实现对网络链路、安全设备、网络设备和服务器等的运行状况进行集中监测；并对各类安全事件分析提供实时报警。

（4）开启各设备日志审计功能，并将日志数据推送到日志审计系统，统一收集和存储各设备日志，并根据需要进行集中审计分析。

（5）通过主机安全管理系统对服务器和终端补丁进行集中管理。

（6）通过 APT 攻击预警系统可以对网络中发生的各类安全事件进行识别、报警和分析，发现可疑行为，形成分析报告，并采取必要的应对措施。

6.6 场馆管理专网安全建设

6.6.1 场馆管理专网

管理专网是用于承载管理类系统的基础网络，其中承载了如协同办公系统、项目管理系统、财务管理系统等多个管理类系统，从而提升赛事整体的管理类协同服务的质量和效率。

场馆管理专网同时存在面向互联网及云上管理类业务系统的窗口，面临来自外部网络的攻击威胁程度最高，因此需要构建针对互联网的整体安全防护体系，如防火墙、入侵检测、网络准入、无线接入验证等措施，加强互联网边界、无线网络边界的安全防护和访问控制，从而有效防护来自互联网的网络攻击，阻止和降低恶意安全事件。

6.6.2 通信网络安全

1. 网络架构

管理专网的网络安全架构规划主要包括以下几方面内容：

（1）冗余设计：主要网络设备、安全设备硬件和通信线路都采用热冗余方式部署，从而保证系统的可用性。

（2）网络区域划分与隔离保护：根据功能特征及安全级别等相似性原则，划分不同的网络区域，且在重要网络区域与其他网络区域之间采取可靠的技术隔离手段，如防火墙、无线接入网关等设备。

（3）冗余资源保障：为了保障网络通信设备能够满足业务高峰期的性能需求，主要网络设备、通信网络带宽必须在满足业务高峰期资源需求的基础上，考虑不低于30%的资源冗余，保障业务高峰期的访问质量。

2. 通信传输

为了保证数据在管理专网中互联网传输过程中的完整性，必须采用 HTTPS 传输用于用户验证的 Web 界面。

3. 无线网络

大型体育赛事在比赛期间会为参赛人员（包括运动员、媒体、技术官员、工作人员等）提供覆盖场馆的 Wi-Fi 网络，因此必须考虑 Wi-Fi 网络安全。Wi-Fi 网络安全应遵循以下要求。

（1）接入点安全：应根据无线信号的覆盖范围，选择合理的位置安装部署无线接入设备，每个接入点需要统一纳入管理和运维。

（2）访问控制：应在场馆 Wi-Fi 无线网区域部署无线控制器 AC，为移动终端提供无线验证，部署统一验证平台对无线接入用户进行验证，确保无线接入终端的安全接入。Wi-Fi 应使用统一的 SSID，为用户实现单点登录，实现对移动终端接入互联网行为的管控。

（3）入侵防范：应能够检测无线设备 AP 是否开启了高风险功能，如 SSID 广播、WPS，应及时关闭已开启的高风险功能；禁止多个 AP 使用同一个鉴别密钥，应为每个 AP 均配置不同的管理员登录密码；应能够检测到非授权无线接入设备的接入，并建立安全策略阻断非授权设备的接入，确保接入无线网络的设备和终端均为已授权终端。

应通过 APT 攻击预警系统检测针对无线接入设备的网络扫描、DDoS 攻击、密钥破解、中间人攻击和欺骗攻击等行为，保障无线接入的安全性。

6.6.3 区域边界安全

1．边界防护

管理专网区域边界防护是通过防火墙访问控制策略、网络安全准入策略、无线网络接入网关实现的，主要包括以下几方面内容：

（1）场馆管理专网部署抗 DDoS 设备，对来自外部互联网的异常流量进行清洗过滤，把攻击流量拦截在外部，而正常流量则转发到内部网络，从而为业务系统的可用性提供保障。

（2）场馆管理专网边界部署具有安全访问控制功能设备（如防火墙），并配置指定端口进行跨越边界的网络通信；

（3）对不同的安全域赋予相应固定 IP 地址，并与交换设备、防火墙设置 IP/MAC 地址绑定或者利用 802.1X 协议等技术建立网络准入机制。

（4）为管理专网部署网络安全准入系统，对场馆中接入网络的各种终端实现接入授权、安全检查与修复、访问权限管理、使用状态监控，以有效地实现接入安全管理。

（5）在 WLAN 接入区域旁路部署无线接入控制器 AC，实现无线网络边界与互联网核心交换网络之间验证访问和数据流的安全管控。

2．访问控制

互联网边界访问控制通过防火墙开启访问控制策略及上网应用内容管理模块实现，主要包括以下几方面内容。

（1）在管理专网互联网边界区部署具有访问控制功能的设备（如防火墙、IPS 等），并根据互联网访问控制策略设置相应的访问控制规则，默认必须拒绝所有受控接口网络通信。

（2）在具备访问控制功能的设备配置基于源地址、目的地址、源端口、目的端口和协议等会话信息状态的访问控制规则，从而为进出网络的数据流提供端口级别的访问控制能力。

（3）控制和管理对管理专网的使用，包括网页访问过滤、网络应用控制、带宽流量管理、信息收发审计、用户行为分析。

（4）应用流量与设备管理流量必须通过不同的网络通道进行分离传输，两者应具有明确的访问隔离措施。

3．入侵防范

管理专网区域边界入侵防范可以通过下一代防火墙开启入侵防范模块及 APT 攻击预警系统实现，主要包括以下几方面内容。

（1）在管理专网边界区，部署具备入侵检测功能的设备（如防火墙开启入侵防护模块等），实现对外部发起或内部发起的网络攻击行为的检测，并确保特征规则库更新到赛事规定的封网日期前的最新版本。

（2）通过部署 APT 攻击预警系统，实现对外部对内部、内部对外部、内部横向流量中的网络攻击行为进行深度检测和分析。

4．恶意代码防范

管理专网边界恶意代码防范通过防火墙防病毒模块及 APT 攻击预警系统实现，主要包括以下几方面内容。

（1）在管理专网边界部署的防火墙，开启防病毒模块，并确保恶意代码库升级和更新至赛事规定封网日期前的最新版本，从而实现对各类终端访问互联网流量的恶意代码进行检测和清除。

（2）通过 APT 攻击预警系统进行病毒木马检测、邮件威胁检测功能，实现对进出口流量的恶意代码攻击进行检测、对基于邮件的恶意文件攻击行为进行检测。

5．安全审计

管理专网区域通过日志审计、堡垒机来实现管理专网用户行为、安全日志等审计工作，主要包括以下几方面内容。

（1）日志审计系统将所有网络设备、安全设备、终端设备的重要安全事件和行为事件日志信息汇总到审计平台，从而进行不同类型协议日志解析、关联分析和可视化呈现。

（2）通过日志审计系统实现对日志审计记录的集中存储和保护，并定期备份，避免受到未预期的删除、修改或覆盖等，审计记录的留存时间至少为 6 个月。

（3）可以通过堡垒机实现对所有网络设备、安全设备、主机系统等远程运维行为的监控和审计，实现统一账户管理、统一验证授权、统一单点登录、统一过程审计等功能。

6.6.4 计算环境安全

针对管理专网的办公、运维终端安全通过主机安全管理系统、综合日志审计及相应终端安全防护策略实现，主要包括以下几方面内容。

1．身份鉴别

针对登录办公终端设备的用户身份进行身份鉴别的建设内容如下。

（1）针对管理专网的办公终端进行统一安全策略配置。

（2）强制要求用户密码长度至少为 8 位，且应由数字、大小字母与特殊字符组成，并定期更换。

2．访问控制

场馆管理专网终端设备的访问控制建设内容如下。

（1）针对管理专网所有办公终端进行统一安全策略配置，禁止通过 USB 等外设进行数据交换，关闭不必要的服务和端口等。

（2）通过主机安全管理系统实现对终端账户登录进行细粒度的精准访问控制，支持对访问来源、访问时间的配置，实时阻断非法登录。

（3）应用黑白名单机制，仅允许终端启动授权的应用、进程与服务。

3．入侵防范

针对终端入侵防范的建设内容如下。

（1）通过场馆管理专网所有办公终端的主机安全管理系统客户端，定期对系统进行漏洞扫描，及时发现终端系统存在的漏洞，并进行操作系统补丁及时安装更新，避免漏洞被利用，并确保漏洞规则库更新到赛事规定的封网日期前的最新版本。

（2）对场馆管理专网所有办公终端的主机安全管理系统客户端开启病毒查杀功能，避免终端操作系统被病毒感染遭受入侵，并确保漏洞规则库更新到赛事规定的封网日期前的最新版本。

（3）对办公终端端口的恶意探测行为及时发现并进行告警。

4．恶意代码防范

针对终端恶意代码防范的建设内容如下。

对管理专网的所有办公终端部署主机安全管理系统客户端，实现终端恶意代码防范。

5．安全审计

针对终端设备的安全审计建设内容如下。

（1）通过对管理专网的所有办公终端部署专用安装日志采集插件，把办公终端的日志推送到日志审计系统，实现对终端系统日志的统一管理和安全审计。

（2）通过日志审计系统实现对审计记录的集中存储和保护，并定期备份，避免受到未预期的删除、修改或覆盖等，审计记录的留存时间至少为 6 个月。

6.6.5 安全管理中心

将通信网络安全、区域边界安全、计算环境安全的相关数据回传到网络安全管理指挥中心，集中管理网络安全事件，分析潜在的网络安全风险，支持赛事组委会进行安全决策。

1．系统管理

通过堡垒机对管理专网各网络设备、安全设备等的系统管理员进行统一授权和管理操作行为进行审计，具体建设内容如下。

系统管理员必须通过堡垒机身份验证后，才能进入权限范围内的主机运维管理界面，并对系统进行管理操作。

2. 审计管理

通过堡垒机对场馆管理专网的各网络设备、安全设备等的审计管理员进行统一授权和安全审计操作进行审计，具体建设内容如下。

（1）审计管理员必须通过堡垒机身份验证后，才能进入权限范围内的主机审计管理界面，并对运维操作进行审计管理。

（2）审计管理员能够对审计记录进行分析，并根据分析结果进行处理，包括根据安全审计策略对审计记录进行存储、管理和查询等。

3. 安全管理

通过堡垒机对管理专网各网络设备、安全设备、服务器等的安全管理员进行统一授权和安全管理操作行为进行审计，具体建设内容如下。

（1）安全管理员必须通过堡垒机身份验证后，才能进入权限范围内的管理界面，并对系统进行管理操作。

（2）安全管理员可以对系统中的安全策略进行配置，包括安全参数的设置，对主体、客体进行统一安全标记，对主体进行授权等。

4. 集中管控

场馆管理专网的集中管理建设内容如下。

（1）划分单独的安全管理区，集中部署安全设备。

（2）划分单独的管理 VLAN 网络，采用带外管理网络对安全设备或安全组件进行管理。

（3）启用各类设备日志审计功能，并将日志数据推送到日志审计系统，统一收集和存储各设备日志，并根据需要进行集中审计分析。

（4）能够对安全补丁进行集中管理。

第 7 章　场馆网络安全运行

7.1　安全运维

场馆安全运维主要根据赛事的运行阶段从管理、流程和技术三个层面进行。

1. 管理

赛前需要精准地识别场馆网络、系统等在安全建设和运行过程中的运维目标，建立符合要求的安全设备和系统安全运维管理制度和体系，根据运行过程中涉及的变更制定变更管理计划。安全运维制度包括但不限于环境、资产、介质、设备、监控、系统、密码、变更、备份、恢复、事件、应急、巡检、安全管理等方面。

2. 流程

对安全运维过程中涉及的设备巡检、系统巡检、安全日志和数据分析等过程，应制定相关流程模板，根据需要指定专门人员展开安全运维工作，包括提交报告、对报告异常情况进行审查和决策、确保报告中的异常能够按照流程完成有效处置。

3. 技术

安全运维应包括周期性的计划任务和临时性的计划任务。周期性计划任务包括配置变更、策略维护、设备状态的监控、安全数据的提取分析等。临时性计划任务作为安全运维的补充部分，应根据不同阶段、不同对象进行加强和延伸。安全运维涉及场馆网络安全建设的所有安全技术能力，包括访问控制策略、恶意代码防范、入侵检测、流量分析、安全隔离、配置管理、统一验证、运维审计、网络准入、日志分析等内容。

根据近年作者参与的大型体育赛事，关于安全运维应重点关注以下几点。

（1）场馆安全运维管理制度体系的建立，应包括运维的对象、目的、流程、技术手段、人员及监督方式等多个要素，以及提前定义好运维执行的模板。

（2）应做好场馆安全运维所需的资源保障工作，包括但不限于运维所需的人力、设备、系统及其他资源保障。

（3）应做好安全运维的执行工作，如制定合理的安全运维频次及周期，以及对安全运维报告进行审核和管理，确保安全运维的计划和执行得到跟踪。

（4）应做好安全监控。通过对目标对象、资产的监控和分析，在管理定义时间内完成对异常告警的响应或处置。

7.2 安全值守保障

场馆的安全值守保障是场馆网络安全运行的重要手段，为更好地掌握和应对可能发生的安全事件或故障，需要在赛前运营阶段制定完整的值守保障方案，做好网络安全的人力资源保障，并组织对相关人员进行培训，确保参与值守保障的人员完全掌握值守保障技术及要求。

场馆安全值守保障主要根据赛事的不同阶段进行。

1. 赛前值守保障

应在赛前阶段熟悉场馆网络安全防护范围内的网络、系统等目标，熟悉应急处置和指挥调度系统功能，协助建立安全支撑响应规范和流程，并通过管理及技术检查手段发现安全风险，协助完成整改工作，建立健全现有防御体系。在赛前阶段投入上线的系统，应提供安全应急响应方案，落实安全值守值班制度。在重大节日或活动期间，做好全天候现场或远程网络安全值守保障要求。

2. 赛时值守保障

（1）在赛时阶段，制定详尽的安全值守保障计划，为每个场馆设置网络安全场馆经理或网络安全责任人，设置考勤及考核制度，对重要的系统提供全天候现场安全保障和安全值守。

（2）场馆赛时期间应提供与场馆信息技术总体要求一致的现场值守保障服务，并按需完成每日安全运维保障、安全监控及业务安全问题处置等应急处置任务。

3. 赛后值守保障

赛后场馆安全值守保障团队需完成对赛时期间整体网络安全情况的分析和统计，按照统一要求提交赛时安全值守保障报告，完成撤离前技术处理和处置工作，做好保密管理，并有计划撤离。

第8章 网络安全管理指挥中心

8.1 总体设计思路

传统的网络安全技术主要关注网站个体或单个系统的安全问题检测和防护，难以为决策层呈现完整的网络安全情况全景图。大型体育赛事涉及的信息系统、场馆数量众多，需要通过建设网络安全管理指挥中心，集中管理网络安全日志、事件、情报等数据，针对赛事的信息资产数据，分析潜在的网络安全风险，及时通报预警网络安全隐患，高效处置网络安全事件。

根据近年作者参与的大型体育赛事，网络安全管理指挥中心的建设重点需满足以下几点内容。

（1）赛事期间，网络安全管理指挥中心应能够全方位、全天候掌握与网络运行活动相关的系统和网站的安全状况，及时通报预警网络安全隐患，高效处置网络安全事件，实现在安保时期重点对象监控、安保人员管控、调度指挥、应急处置及活动情况总结归档。

（2）应通过大数据技术和智能算法分析系统，从大型体育赛事网络资产出发，重点关注资产弱点，结合多种角度和维度分析攻击，智能感知攻击中的安全事件，为大型体育赛事的网络安全处置提供溯源与取证。

（3）网络安全管理指挥中心应对各职能部门、重要行业部门、技术支持单位进行综合指挥，协同当地网络安全和信息化委员会、公安网安部门、技术支撑单位、第三方安全厂商、网络安全专家及其他职能部门，保障赛事网络运行期间的网络安全。

8.2 云上服务安全管理

（1）大型体育赛事网络与信息系统的云上服务应通过网络安全管理指挥中心进行统一安全管理。通过机器学习和数据建模对云环境中的主机流量和网络流量进行深度解析，检测各种威胁、攻击、访问等异常行为。有效捕捉高级攻击者使用的漏洞攻击、新型病毒攻击事件，并展示正在发生的安全攻击行为，实现业务安全可视和可感知。

（2）针对云上向互联网暴露的资产，应提供互联网攻击面测绘功能，帮助用户快速识别云上资产的暴露端口、暴露服务及暴露组件等潜在攻击面，针对互联网流量进行威胁感知，帮助客户实现对异常的检测，包括互联网对内攻击及内部资产向互联网异常外联行为。

（3）云上流量可通过网络设备端口镜像、策略路由或在云主机安装代理插件的方式进行流量采集，包括但不限于应用流量、管理流量、文件传输等。采集的元数据应通过专有的方式传送到网络安全管理指挥中心进行后期分析。可通过日志审计系统收集云主机操作系统、虚拟网络设备、虚拟安全设备的日志，标准化之后发送到网络安全管理指挥中心。

8.3 资产管理与识别

（1）应采用资产探测技术（如通过制定扫描任务、设定 IP 地址和端口范围、设定启动时间和循环时间等）、流量分析技术（通过对流量的 IP 地址、端口和系统指纹特征的检测发现资产）等主动和被动方式使网络安全管理指挥中心可以远程对大型体育赛事场馆内的网络资产进行探测，快速识别场馆内的主机设备（包括虚拟主机）、物联网设备、应用系统、安全设备、网络设备的存活情况，以及开放端口、组件、操作系统、数据库、应用系统、接口方式、硬件属性、维护人员等信息，帮助网络安全管理指挥中心及时掌握资产情况，发现非法主机、非法应用等。

（2）资产管理模块中各项资产的属性值将被用于安全事件管理、脆弱性管理、风险管理、拓扑视图、报表系统等其他安全管理模块。应支持资产的手动和自动发现，资产接入或者移除应能够自动更新并做出提示。应对新接入资产进行预管理，对移除资产进行记录管理。

（3）网络安全管理指挥中心应通过对流量资产、互联网资产、邮箱资产、物联网资产等各类资产进行探测，识别其指纹信息（包括资产网络属性、系统版本、应用组件信息及指纹信息等）、漏洞信息及可能受攻击的情况。

（4）网络安全管理指挥中心应将安全事件与资产进行绑定关联，实现资产视角的安全事件管理，在资产拓扑图上直接展现安全事件的信息。

（5）网络安全管理指挥中心应根据资产对大型体育赛事总体安全的影响程度进行资产重要程度定级，并可根据客户组织架构或网络架构进行资产域或安全域划分，以方便运维。

8.4　数据采集与处理

（1）进行多源数据的采集与汇总，数据采集来源至少包括以下几种数据来源：云平台、场馆内网络空间资产探测、重要系统或网站安全监测、重点保卫区域流量监测、重点保护区域日志采集、组织架构、安全域、人员、账号、蜜罐系统捕获、威胁情报。

（2）通过部署流量探针，利用流量镜像方式获取被检测的流量。应支持 Syslog、JDBC、SNMPTrap、FTP、SFTP 等方式被动采集设备日志，同时，支持插件代理主动采集日志；支持本地手动导入资产信息、网络流量发现资产、主动探测资产；支持通过自定义威胁情报、第三方导入等方式进行情报采集；支持本地离线导入或通过代理服务器获取漏洞库；支持 API 接口方式采集上报数据。

（3）支持将多源异构数据通过标准化的数据接口接入，包括 API 验证接口、API Token 刷新接口、API 数据推送接口、Syslog 数据推送接口、FTP 数据推送接口、通用格式、防火墙类数据接口、入侵检测/防御设备日志、防病毒设备日志、Web 应用防火墙设备日志、DDoS 设备日志、僵木蠕设备日志等。

（4）对数据进行标准化处理，至少包括数据提取、清洗、关联、比对、标识几个过程。

（5）根据数据治理准则，完成数据清理、数据集成、数据转换和数据约简，以提高数据质量，使数据更适合数据挖掘算法的需要；形成数据资源目录，即以索引形式记录全量数据资产的资源目录，包括数据的来源、存储位置、资源类型、共享方式等信息。通过数据资源目录提供所有信息资源共享交换、数据整合、数据路由、数据发现等功能，并提供数据质量管理及数据资源监测功能，实现安全日志过滤、日志标准化。

（6）通过网络安全管理指挥中心对安全数据进行原始日志搜索和标准化日志搜索；可全文检索设备原始日志；可输入关键字，包括但不限于设备 IP 地址、日志发生时间、原始信息；支持输入时间段、表达式等条件。

8.5 威胁分析与检测

（1）能及时发现、识别网络攻击威胁，监测黑客组织、不法分子等的攻击活动、攻击行为、攻击方法；监测重点保护对象所受的攻击威胁、破坏、窃密、渗透等情况，以及重点保护对象的网络、系统、大数据等安全状况；识别存在的漏洞、隐患等，为快速处置、通报预警等系统提供基础支撑。

（2）通过内置的策略库对拒绝服务恶意脚本、SQL 注入攻击、特殊字符 URL 访问、可疑 HTTP 访问请求、Bash ShellShock 漏洞、Nginx 文件解析漏洞、文件包含漏洞、LDAP 漏洞、远程代码执行漏洞（尤其是 Struts2 远程代码执行漏洞）、Xpath 注入、跨站脚本攻击、IIS 服务器攻击、CSRF 漏洞攻击探测、可疑文件访问、SWFUpload 跨站、SQL 盲注攻击探测、敏感文件探测、异常 HTTP 请求探测、敏感目录访问等威胁进行识别。

（3）对重点保护对象的网络、系统、大数据等的安全状况，除通过内置的策略库进行定期识别外，还应组织网络安全专家通过人工渗透测试方式，对其安全性进行检验。

（4）通过文件沙箱功能，发现网络文件中的恶意行为，通过内部虚拟机实现完全模拟真实桌面环境，发现所有恶意文件的注册表行为、敏感路径操作行为、进程行为、导入表信息、资源信息、段信息、字符串信息及运行截图等，并综合分析这些恶意行为，判断其中的可疑操作，实现对未知威胁的攻击行为的识别。

（5）通过采集到的历史流量数据、日志文件和告警数据对用户进行分析、建模和学习，构建出用户在不同场景中的正常状态并形成动态基线。实时监测用户当前的行为，通过已经构建的规则模型、统计模型、机器学习模型和无监督的聚类分析，及时发现用户、系统和设备存在的可疑行为，提升在海量日志里快速定位安全事件的能力。

（6）利用多维度关联分析、GBM 决策树学习模型、深度学习模型、无监督聚类分析和网络分析等大数据机器学习技术，对多维度的信息和多源数据进行整合、关联、智能分析和预测，及时发现针对系统进行的高级持续性威胁（APT）攻击，协助安全人员做出精准的判断和调查，提高网络安全管理指挥中心对威胁攻击的发现、防御和调查能力。

（7）结合大型体育赛事网络内部安全大数据系统及本地第三方威胁情报系统，实现基于威胁情报的威胁检测、木马协议特征检测、DGA 检测、失陷主机定位、威胁事件关联分析等，多方位检测和发现高级威胁，提供系统的总体安全态势评估。

8.6 网络监测与溯源

（1）监测目标站点的域名解析可用性、网站服务可用性及网站内容可用性，能够较为全面地实现对网站可用性的监测。通过监测权威 DNS 服务器的可用性，解析 IP 地址是否与历史基准一致来判断域名是否发生安全问题，发现问题后应立即审核并进行通告。自动监听网站指定的 TCP 端口，通过 HTTP 访问网站返回的响应状态码判断网站是否能够提供正常服务，以监督网站服务正常运行。每间隔一段时间向监测网站发起 HTTP 请求，核对其响应页面内容是否有基准文本或数据，并根据基准信息是否匹配，判断网站内容是否发生异常。

（2）通过对主机设备的日志分析，监控设备自身 CPU、内存、磁盘等工作运行状况监测目标主机的 CPU 利用率、内存使用率、磁盘使用率、磁盘使用情况、流量等信息。

（3）通过对网络设备的日志分析，监控网络设备的性能、流量、负载率等。

（4）通过监测系统，及时发现、识别网络攻击威胁，监测黑客组织、不法分子等的攻击活动、攻击行为、攻击方法，并提供大数据溯源能力；监测重点保护对象所受的攻击威胁、破坏、窃密、渗透，以及存在的漏洞、隐患等安全情况，并通过报表系统对结果进行分析统计。

（5）在授权范围内对线上应用通过远程扫描监测技术进行主动探测扫描，实现对重点保护单位的重要信息系统或重点网站进行全天候安全监测，及时发现网站漏洞、网站挂马、网站篡改（黑链/暗链）、钓鱼网站和访问异常等安全事件，对重点设备、重要信息系统及重点网站的安全进行实时掌控。当发现异常时应及时告警并向相关部门及机构通报。

（6）远程探测扫描应支持对 OWASP Top 10 等主流安全漏洞的检测识别；支持对 Oracle、MSSQL、DB2、MySQL、Postgre SQL 等主流数据库的配置审计；支持对使用身份验证及代理身份验证方式的 Web 应用的安全检测。

（7）支持对国际主流 Web 应用类型的安全监测，如 Web 2.0、各类 JavaScript 脚本解析、flash 解析、WAP 类及 WMLScript 脚本类应用系统；支持对基于 HTTPS 应用系统的检测及安全评估；支持所有类型的动态页面；支持 HTTP 1.0/1.1 标准的 Web 应用系统。

（8）与部署在通信网络的抗 APT 系统结合，为网络安全管理指挥中心提供深度威胁分析能力，实现 Web、邮件、文件三个维度的高级持续性攻击检测。

（9）利用可视化溯源分析技术对发生的安全事件进行攻击链分析和溯源，可关联威胁情报、安全告警、安全原始数据上下文等信息，确定攻击事件的整个事件周期和攻击者的攻击路径。

8.7 数据安全监控

赛事组委会应对大型体育赛事信息系统内部数据资产分布进行统计，确保了解个人信息等敏感数据在哪里、有多少，以及安全状态如何。赛事组委会应在数据生命周期各阶段（数据采集、数据传输、数据存储、数据处理、数据交换、数据销毁）开展安全监控和审计，以实现对数据安全风险的防控，并建立相关的措施，对非法采集、未授权访问、数据滥用、数据泄露进行监控和审计。通过数据分析来支撑有效的安全、合规决策，从而降低数据安全风险。

数据安全监控应遵循以下要求。

（1）建立或在数据安全整体策略中规范数据安全监控审计策略，覆盖数据采集、数据传输、数据存储、数据处理、数据交换、数据销毁各阶段的监控和审计。

（2）建立或在原有网络安全事件处置中新增监控审计数据安全类事件的应急预案、处置流程。

（3）建立数据安全探测梳理平台，对赛事组委会内部数据资产进行探测和梳理。

（4）建立数据安全监控审计平台，对赛事组委会内所有网络、系统、应用、数据平台等核心资产中的数据流动进行监控和审计。

（5）对数据资产的整体安全态势进行风险识别与预警，以实现对数据全生命周期各阶段的安全风险防控，对数据安全事件进行通报、协调调度和应急处置。

（6）进行数据资产探测，基于授权检索所有数据载体上的数据，梳理数据资产的分布。

（7）进行数据采集，数据来源包括基础数据、网络数据、终端数据、系统和应用数据等。

（8）进行数据整合，通过关联业务数据对采集的信息进行补全，对数据的标准化进行定义，按照5W1H方法进行数据统一，并根据行为共性，抽象出归一化的数据流动和行为主题域。

（9）进行数据分析，以敏感数据为中心，建立多维度行为基线，利用机器学习算法和预定义规则找出严重偏离基线的异常行为，及时发现内部用户、合作伙伴窃取数据等违规行为。

（10）具有对整体数据安全态势的感知能力，建立发现、审计、处置和反馈的运营循环机制。

（11）实现风险可视化、可感知，能对风险统一监控、统一告警、统一处置。

8.8 本地化威胁情报管理

（1）本地化威胁情报管理平台应从资产、隐患、攻击、事件等角度，将准确可靠的数据按照业务需求进行重组，形成本地威胁情报数据，并经数据验证、整合、重组之后，按照相应的数据模型，形成相应的威胁情报库，如暗链信息、漏洞信息、钓鱼信息、僵木蠕病毒、洋葱节点、僵尸主机、安全事件、攻击样本等，辅助各类安全技术能力进行攻击分析和数据挖掘。

（2）本地化威胁情报管理平台的威胁情报应具有开放的情报接口，支持多源情报的接入，包括平台自生成情报、开源情报、商业情报、第三方情报等，并可接纳主流安全厂商、国家相关威胁情报管理部门的威胁情报接入。

8.9 态势感知与告警

（1）以网络安全事件与威胁风险监测为驱动，基于多维态势可视化技术，对网络空间安全相关信息进行汇聚融合，形成针对人、物、地、事、关系的多维视图，从不同视角出发感知网络安全态势，包括总体态势、资产态势、隐患态势、攻击态势、事件态势和通报态势等视角。

（2）从攻击、访问、安全、深度威胁四个维度实现整体态势感知，从资产、威胁、攻击、事件、告警等多个视角提供大数据的分析结果，使用各种可读性高、美观的可视化系统，展现安全态势，为研判、决策及保障网络安全提供有效支撑。

（3）通过对告警事件的闭环式溯源服务，查询告警事件原始日志，并实时展现攻击者相关 IP 地址、攻击类型；结合大数据关联分析技术实现，聚合分析类似攻击行为，并提供实时取证列表，对攻击者进行有效追踪。

（4）安全态势感知应提供安全态势总览、可视化大屏、资产管理、事件分析、流量监控、应急响应等功能。

（5）网络安全管理指挥中心应提供关键物联网设备和网络运营状态等信息的总览和具体信息查询，包括关键物联网设备的系统信息、应用信息和供应商信息等。

（6）在攻击发生之前，应确定响应流程。响应流程需经过提前演练并备案。在事件升级制度中，应根据攻击的严重程度，采取不同的响应流程，并由不同级别人员处理。网络安全管理指挥中心应支持响应流程查询，并具备相应流程处理能力。

（7）对安全事件做出及时有效的响应，提供自动化的控制台接口、事件快速响应接口、实时监控接口、统计分析接口、风险评估报告、中长期安全行为报告、系统状

态报告。

（8）具备安全编排能力，能够通过 API 和人工检查点，将具有不同安全能力的系统或一个系统内部的不同组件按照一定的逻辑关系组合到一起，以完成某个特定安全操作。网络安全管理指挥中心应能根据发现的威胁，结合威胁情报，联动各种安全组件进行相关处置，将安全事件响应和安全编排与自动化进行结合，利用多维度的防护方法，提高安全防护能力，提升安全运维效率，实现网络安全动态防御。

（9）网络安全管理指挥中心应收集处理过的安全事件方法和方案，形成安全共享知识库。

（10）统计展示各类服务器、存储设备、安全设备的日志接入情况和资产接入情况，实时展示规则运营、威胁检测和威胁处置情况，帮助赛事组委会直观感受整体安全运营态势。

（11）统一管理网络中的安全事件告警，包括配置管理、告警事件库和关联分析，具有对告警的查询展示、状态管理、标签管理和告警策略的配置功能，运营人员可灵活地对告警事件查看、编辑、处置。所有告警都应通过运营人员分析后快速执行处置、下派工单任务、分析研判、调查取证、自动化响应等动作，使告警管理成为整个系统运营的核心功能。

8.10 指挥调度

大型体育赛事指挥调度模块整体逻辑架构由"建设规划、备战、临战、决战"的一建设三阶段组成，模块逻辑架构如图 8-1 所示。

第 8 章 网络安全管理指挥中心

```
网络安保指挥调度模块架构
┌─────────────┬─────────────┬─────────────┬─────────────┐
│  建设规划   │   备  战    │   临  战    │   决  战    │
├─────────────┼─────────────┼─────────────┼─────────────┤
│基础信息管理 │ 威胁管理    │ 安保检查    │ 安保值守    │指挥调度
│ 责任单位    │ 事件管理    │ 检查统计    │ 安保巡检    │指挥调度机制
│ 保障小组    │ 隐患管理    │             │ 考核考勤    │指令下发
│ 安保驻点    │ 通报预警    │ 任务管理    │ 安保驻点    │指令签收
│ 安保目标    │ 事件通报    │ 现场检查    │ 报平安      │移动端协同
│ 组织架构    │ 事件通报跟进│             │             │指令回复
│ 支撑单位    │ 隐患通报    │ 远程检查    │ 应急演练    │指令完结
│ 安保设备    │ 隐患通报跟进│             │ 应急演练    │应急处置
│ 安保人员    │ 安保制度    │             │ 应急预案    │应急任务管理
│ 保障车辆    │ 应急预案    │             │             │现场处置
│             │             │             │             │处置过程闭环
├─────────────┴─────────────┴─────────────┴─────────────┤
│大数据智能分析研判中心  威胁情报管理           威胁分析    │
│  情报收集 情报清洗 情报整合 情报应用  规则分析 情报分析  │
│                                      统计分析 模型分析  │
│                                      综合分析          │
├──────────────────────────────────────────────────────┤
│大数据平台 数据资产 原始库 基础库 分析库 业务库 知识库   │
│           数据标准 数据处理 数据治理 数据服务 定制模型库 运维中心│
│                      大数据基础组件                    │
└──────────────────────────────────────────────────────┘
```

图 8-1

（1）指挥调度模块以网络安全管理指挥中心大数据平台为基础构成组件平台，在此基础设施层之上分为大数据分析研判层和系统业务层两个逻辑层。指挥调度模块与网络安全管理指挥中心采用松耦合设计，复用网络安全管理指挥中心底层平台，使用 API 接口或微服务进行连接，确保模块的可扩展性和定制灵活性。

（2）将重要系统、重点场所、重点网站、重点保卫人员、重点保卫对象、构建攻击陷阱数据、第三方机构威胁情报数据等指挥调度数据，作为大数据分析主要理解语义和决策关键坐标维度，结合场景化分析引擎根据输入参数的重要性赋予相应比例的权重。例如，对第三方机构威胁情报数据，通过将其与现有中心基础数据进行对比，将存在关联行为的安全数据代入高权重并输入大数据分析模型进行研判和处理。

（3）模块系统业务层主要提供人机交互接口，通过使用基于 HTML5、App、多维技术建立用户交互界面，实现输入、输出管理，包括系统配置、基础信息、安保制度、威胁管理、通报处置、安全检查、指挥调度等。

（4）调度指挥模块为大型体育赛事网络安全保障提供活动管理功能，按照备战、临战、决战阶段的时间进度灵活配置管理，支持具体的活动指标和详情；对已经完结的活动任务进行结束、归档；提供检查、分析处理、应急、调度、安全隐患等工作的统计和详情分析；支持对每个任务流程的跟踪。

（5）系统业务层通过 App 终端绑定每一个安保支撑专家，支撑专家通过 App 客户端或登录模块前端页面实现对指挥调度模块任务、指令的接收、执行和反馈。管理人员通过 App 客户端或登录模块前端页面对任务进行创建、下发、考核等管理操作，模块通过共用网络安全管理指挥中心基于角色的权限访问控制鉴权系统进行角色、权限控制。

（6）系统业务层可视化展示的指挥调度模块支持大型体育赛事网络安保团队在保障活动期间，使用事件应急指挥、人员调度的可视化地图技术，通过对 IP 地址、物理位置的对应网络空间图谱测绘，将场馆、数据中心等重点保护目标关联至物理空间，提供网络空间的实体导航、监测和管理。通过 3D 地图的形式直观展示和标记单位、系统、安保小组、网络攻击应急车辆、安保驻点等信息。

8.11 通报流程

（1）对监测模块发现的安全隐患、安全事件、安全威胁等进行统一管理。对上述基础数据进行分级、分类归纳分析，自动形成通报报告，按照不同情况分别发起通报、提醒和限期整改等业务流程，同时应具备安全事件通报、安全隐患通报的进度跟踪、事件预警、信息通知发布等能力。

（2）具备工单生成、工单派发、工单处理、工单跟踪等工单管理能力。提供流程化的安全事件管理，能够派发或接收针对威胁告警、漏洞及异常违规安全事件的处置工单，并对与责任人相关的管理流转状态及处置进展进行跟踪。

（3）实现平台与手机移动端相结合的多种方式的通报，如手机 App。在发生严重情况时，如突发的安全事件、重大漏洞等，可立即通过手机 App 等下发处置，或直接通过短信、电话的方式进行传达；当系统监测到存在轻微的安全隐患时，可通过手机端进行预警提醒或限期整改等。通报完成后，接收到通报的成员单位可通过手机端及时进行处置结果反馈，相关监管单位应对通报过程进行跟踪记录，查看通报进度。

（4）赛事组委会可以通过网络安全管理指挥中心直观掌握当前及历史通报情况。

（5）安全监管部门可以通过网络安全管理指挥中心数据接口，对接、共享监管职能部门所需的安全元数据，以使安全监管部门掌握大型体育赛事整体安全态势。

第 9 章 云计算中心安全

9.1 总体设计思路

云计算中心的安全建设，从整体上基于等级保护 2.0 标准"一个中心，三重防护"的纵深防护思想，从通信网络到区域边界再到计算环境进行重重防护，通过云平台安全管理中心进行集中监控、调度和管理，构建云计算安全措施，同时结合云计算中心的安全特点，增加虚拟化安全、镜像和快照保护等内容。

9.2 安全物理环境

物理环境建议参照《GB 9361 计算机场地安全要求》A 级、网络安全等级保护 2.0 标准的等级保护安全三级要求、《GB 50174 数据中心设计规范》A 级的要求进行建设。同时云计算中心机房物理环境的安全设计需要结合实际情况从多个方面和维度进行，包括机房位置选择、防火防潮、物理设备安全等。

1. 防火灾

云计算中心数据机房安装火灾探测系统利用热和烟雾传感器实现火灾检测。能够自动检测火情、自动报警、自动灭火，同时组织火灾检测与应对的培训和演练。机房及相关的工作房间和辅助房应采用具有耐火等级的建筑材料。

2. 电力供应

云计算中心数据机房采用双路市电电源和冗余的电力系统，主、备电源和系统具备相同的供电能力。若电源发生故障，由带有冗余机制的电池组和柴油发电机对设备进行供电，保障数据中心在一段时间内的持续运行能力。

3. 温度和湿度控制

云计算中心数据机房需采用精密空调来保障恒温恒湿的环境，并对温湿度进行电子监控，一旦发生告警立即采取应对措施。

4．物理访问控制

云计算中心数据机房出入口应配置电子门禁系统，控制、鉴别和记录进入的人员。云计算中心数据机房应仅向本机房运维人员授予长期访问权限，如运维人员转岗或离职，应立即清除其权限。其他人员若因为业务需求要进入机房，必须先提出申请，经审批通过后才能获取短期授权；每次出入需要出示证件并进行登记，且由云计算中心数据机房运维人员全程陪同。

云计算中心数据机房内部划分机房包间、测电区域、库房间等区域，应分区域进行物理隔离，各个区域拥有独立的门禁系统。

5．其他物理安全防护

云计算中心数据机房场地应选择在具有防震、防风和防雨等能力的建筑内，做好防盗窃、防破坏、防雷击、防水、防潮、防静电和电磁防护等相关措施。

9.3 安全通信网络

9.3.1 网络架构

云平台采用的高性能网络设备、负载均衡设备均应满足云平台业务承载的需要。从接入层到汇聚层，所采用的网络架构需实现节点冗余和多链路分担备份，在满足带宽和保证业务性能的同时，满足整个业务系统。网络设备需采用双活冗余的方式部署，保证设备可用。

云平台需对云网络环境中的管理网络、业务网络、物理网络三网进行安全隔离。物理网络需通过 VLAN 实现不同的网络安全域划分，同时采取网络控制措施防止非授权设备私自联到云平台内部网络，并防止云平台物理服务器主动外联。

为保证网络各个部分的带宽满足业务高峰期需要，云平台需要对带宽峰值进行监控，特别是对云业务网络如互联网应用、专线互联等业务进行业务带宽监控。

9.3.2 通信传输

利用密码技术实现对数据在网络间传输过程中的机密性、完整性的保护。对于大型体育赛事信息系统中有数据传输需求的业务应用，通过在网络边界采用网络 VPN 技术或采用加密的方式进行传输，例如采用 VPN 虚拟通道、SSL 等手段对要传输的数据包进行加密，保护传输数据的机密性和完整性。

9.3.3 安全审计

（1）对大型体育赛事信息系统进行全面的安全监控和审计。所谓监控就是实时监视网络上正在发生的事情，而审计则是分析网络内容，以发现可疑的破坏行为和有害信息，并对这些破坏行为采取相应的措施，如进行记录、报警和阻断等。

（2）对网络、主机进行基于安全策略的监视；对监控过程产生的记录进行分析、统计，以便发现安全违规的应用与操作行为；将大型体育赛事云上业务系统所在虚拟机的通信流量通过流量牵引、部署虚拟机代理或 API 接口等方式提供给网络安全管理指挥中心或其子系统。

9.4 安全区域边界

9.4.1 边界防护和访问控制

网络区域边界通常是整个网络系统中较为容易受到攻击的位置，很多来自外部的攻击都是通过边界的薄弱环节攻击到网络内部的，所以安全域的边界也需要做安全防御，以保证安全域内的信息安全，保证安全域以及与其他安全域间的数据受控访问。因此网络及安全域边界需要进行重点安全防御设计。

1. 云平台底层物理网络边界

在云平台底层物理网络边界的网络设备侧需配置 ACL 访问控制策略，对跨边界的访问和数据流进行控制，仅允许通过受控的接口进行访问。面向管理用户的终端和安全设备在接入交换机时需进行 IP 地址、MAC 地址绑定。

2. 大型体育赛事信息系统虚拟网络边界

根据业务和安全防护的需求，精细化设置 VPC 进行访问控制隔离，可使用边界防火墙或安全组，同时设置访问控制策略和规则，对数据会话状态信息进行过滤，提供明确的允许、拒绝访问的能力，仅允许通过受控的接口进行通信。限制非法外联行为，防止机密泄露。监控各种网络连接行为，发现并且阻断恶意网络连接，保护内网资产。

9.4.2 区域边界入侵防范

通过流量安全监控对云入口镜像流量包进行深度解析，实时检测各种攻击和异常行为，发现内部被控制的云服务器，对常见的 Web 应用攻击进行旁路阻断，并与安全分析平台联动防护。

对大型体育赛事信息系统使用的云服务器，应部署相关主机安全防范产品，监测

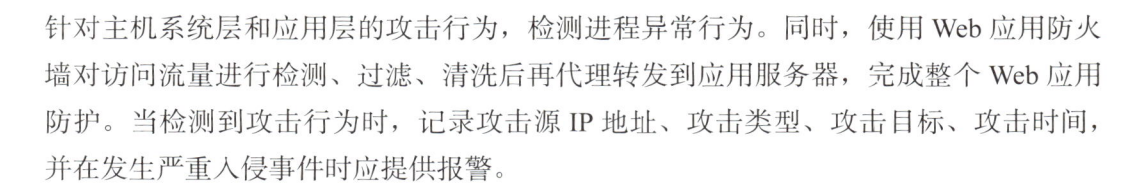

针对主机系统层和应用层的攻击行为，检测进程异常行为。同时，使用 Web 应用防火墙对访问流量进行检测、过滤、清洗后再代理转发到应用服务器，完成整个 Web 应用防护。当检测到攻击行为时，记录攻击源 IP 地址、攻击类型、攻击目标、攻击时间，并在发生严重入侵事件时应提供报警。

9.4.3 区域边界恶意代码防范

恶意代码防范主要是针对网络数据包中的病毒、木马等恶意程序及代码的实时防护，使用流量安全监控对网络出口的恶意代码进行分流检测。恶意代码库需定期更新。

9.4.4 区域边界安全审计

安全审计主要针对网络边界的进出访问进行系统审计，如针对非法外联、违规接入、外部恶意嗅探、DDoS 攻击等。

网络边界审计通过对网络进行监测、报警、记录和审计，统计网络各种应用流量，了解网络带宽和应用的使用，发现存在的问题，提高网络使用效率；通过丰富的审计数据和统计数据，及时发现异常应用，帮助管理者快速分析和定位问题对象。

通过在核心交换机及云平台汇聚交换机上旁路部署网络审计系统和入侵检测系统等方式，对区域边界进行安全审计。使用堡垒机对管理用户操作行为进行审计，并保存对应日志。审计日志应包括事件的日期和时间、用户、事件类型、事件是否成功及其他与审计相关的信息。

9.5 安全计算环境

安全计算环境旨在为云平台中的应用服务及其参与者提供安全保障环境，主要包括用户身份鉴别、访问控制、非结构化数据保护、结构化数据保护、安全审计、入侵防范、恶意代码防范和剩余信息保护。

9.5.1 用户身份鉴别

云平台和大型体育赛事信息系统应对登录用户进行身份标识和鉴别，身份标识应具有唯一性，身份鉴别信息应具有复杂度要求并定期更换。

云平台应具有登录失败处理机制，配置并启用结束会话、限制登录次数和当登录连接超时自动退出等相关措施。在进行远程管理时，应使用安全的 SSH 方式或 HTTPS，防止鉴别信息在网络传输过程中被窃听。

（1）双因子认证。云平台管理用户的访问应使用动态密码（或者 OTP）、密码技术、生物技术、数字证书等两种或两种以上组合的鉴别技术对用户进行身份鉴别，且其中一种鉴别技术应使用密码技术来实现。

（2）堡垒机。针对管理用户访问的身份鉴别主要由堡垒机实现，可将各类设备（网络设备、安全设备、非虚拟化主机服务器）以及虚拟化平台管理接口对接至堡垒机，由堡垒机完成单点登录、身份鉴别。

9.5.2 访问控制

在云平台的管控系统内，需基于每个用户赋予细粒度权限，提供类似于管理员（系统管理员、安全保密员、安全审计员）、运维人员、普通值班人员的角色，并对默认账户进行重命名，删除多余过期账户，增强账户密码。

9.5.3 非结构化数据保护

非结构化数据主要存储在主机内，大型体育赛事相关系统可根据业务需要和数据敏感程度对主机内数据盘进行加密，宜采用国家密码管理机构认证的加密算法对云盘进行加密。

9.5.4 结构化数据保护

结构化数据主要存储在数据库表中，同时也作为非结构化数据的索引。加强对运维侧的访问控制，可以与 AD 域控结合，进行域登录验证；可以与堡垒机结合，完成代理登录。

9.5.5 安全的操作系统镜像

大型体育赛事信息系统使用的云主机操作系统镜像，可根据安全基线要求经过安全策略加固，应遵循最小安装原则，仅安装必需的组件和应用程序，关闭不需要的系统服务、默认共享和高危端口。

云平台服务商应明示操作系统镜像中对原生操作系统的代码所做的修订、增加、减少、更新等，并取得赛事组委会同意，禁止发布未经赛事组委会同意的版本。

9.5.6 恶意代码防范

云虚拟主机应部署有具备入侵防范及恶意代码防护的安全软件，对恶意代码进行实时检测处置，发现病毒、木马等恶意代码，并能删除、修复或隔离被感染的文件。

9.5.7 剩余信息保护

对曾在云平台存储过用户数据的内存和磁盘，在其被释放和回收时，云平台应对其上残留的信息进行零值覆盖，例如租户解除使用的存储资源的所有数据在物理存储设备级别上被有效清除。

9.5.8 安全审计

1. 操作审计

云平台管控系统需开启安全审计功能，审计记录应包括事件的日期和时间、用户、事件类型、事件是否成功及其他与审计相关的信息。

2. 运维审计

在安全管理运维区部署堡垒机，对核心 IT 设备的管理员用户提供集中登录验证、权限控制和操作监控。被管理资源包括云上服务器（包括物理服务器和虚拟服务器）、数据库、物理防火墙及其他安全设备等。

9.6 虚拟化安全

虚拟化技术是云计算的主要技术支撑，通过计算虚拟化、存储虚拟化、网络虚拟化来保障云计算环境下的多租户隔离。云虚拟化安全技术主要包括租户隔离、安全加固、逃逸检测、补丁热修复等四大基础安全部分。

9.6.1 租户隔离

云平台基于硬件虚拟化技术的虚拟机管理系统将多个计算节点的虚拟机在系统层面进行隔离，使得非大型体育赛事的信息系统所在云虚拟环境的云租户不能访问大型体育赛事信息系统所在云虚拟环境的信息资产，从而保障计算节点的基本计算隔离。同时虚拟化管理层还提供了存储隔离和网络隔离。

1. 计算隔离

计算隔离提供多个级别的计算实例和服务隔离以保护数据，同时保障用户需求的配置灵活性。关键的隔离边界是管理系统与客户虚拟机的隔离，以及客户虚拟机之间的隔离。云平台使用的虚拟化环境，将用户实例作为独立虚拟机运行，并通过使用物理处理器权限级别强制执行此隔离，确保用户虚拟机无法通过未授权的方式访问物理主机和其他用户虚拟机的系统资源。

2. 存储隔离

在虚拟化层，Hypervisor 采用分离设备驱动模型实现 I/O 虚拟化。虚拟机所有 I/O 操作都会被 Hypervisor 截获处理，保证虚拟机只能访问分配给它的物理磁盘空间，从而实现不同虚拟机硬盘空间的安全隔离。

3. 网络隔离

云虚拟网络是建立在物理网络结构之上的逻辑结构。每个逻辑虚拟网络与所有其他虚拟网络隔离，确保任意虚拟机网络流量数据不能被其他虚拟机访问。

9.6.2 安全加固

云虚拟化管理程序应在不影响功能和性能的基础上限制系统级别的动态函数库的调用，减少可能受到的 0day 漏洞的影响。

云还应该对虚拟化管理程序和宿主机从操作系统和内核级别进行相应的安全加固。例如，对虚拟化管理程序在动态运行时进行降权，并阻止内核执行用户空间代码，以增加逃逸后提权的难度；开启内存地址随机化特性，并开启内核符号限制访问和内存保护页功能，以增加内存溢出类攻击的难度。

9.6.3 逃逸检测

在云平台中，云虚拟化管理程序需要使用高级虚拟机布局算法，以防止恶意用户的虚拟机运行在特定物理机上，且虚拟机无法主动探测自身所处的物理主机环境。此外，云在 Hypervisor 层面需要对虚拟机异常行为进行检测。当检测到恶意攻击时，云应定位和处置发起恶意攻击的虚拟机，并对整个攻击链条及时进行采样还原，对找到的漏洞进行补丁热修复。

9.6.4 补丁热修复

云虚拟化平台应支持补丁热修复技术，通过补丁热修复技术使得系统缺陷或者漏洞的修复过程不需要用户重启系统，不影响用户业务。

9.6.5 镜像和快照保护

大型体育赛事云上信息系统可根据业务需要创建加密云盘，并在加密云盘挂载到云主机实例后，能够对云盘中的数据、云盘和实例间传输的数据、加密快照进行加密、解密。所有加密过程宜采用国家密码管理部门认证的加密算法。

云平台可使用数据校验算法和单向散列算法，以确保镜像、快照的完整性，防止镜像和快照被恶意篡改。

9.7 云平台安全管理中心

云平台应建立安全管理中心，对云底层平台提供集中安全管理，提供云底层平台的系统安全策略部署和控制；利用安全策略部署，对云底层平台的安全计算环境、安全区域边界和安全通信网络的安全机制实施统一管理。云平台安全管理中心是为云底层平台系统管理员、安全管理员和安全审计员提供身份鉴别和权限管理的集成平台，实施系统管理、安全管理和审计管理。

9.7.1 系统管理

云平台安全管理中心需对系统管理员进行身份鉴别，只允许其通过特定的命令或操作界面进行系统管理操作，并对这些操作进行审计。

9.7.2 审计管理

云平台安全管理中心存储和处理整个系统中的所有审计信息，需对审计管理员进行身份鉴别，授权仅允许其通过特定的命令或操作界面进行安全审计操作，并对这些操作进行审计，同时为审计管理员提供审计分析、处理及管理等相关功能。

9.7.3 安全管理

云平台安全管理中心内的安全管理员可对用户进行管理，包括创建用户、角色管理、部门管理、登录策略、App 白名单、物理机密码管理等，能够定义用户和资源的对应关系。

9.7.4 集中管理

云平台安全管理中心及相关子系统在集中管理方面可实现以下功能。

（1）划分安全管理区，部署相关安全组件，并对相关组件进行统一管控，相关安全组件（如流量安全监控、态势感知、Web 应用防火墙、主机入侵检测等）能够对安全事件进行识别、分析、告警。

（2）独立建设带外管理网络，对业务网络中的安全设备或安全组件进行管理。

（3）对网络设备的性能进行实时监控，对网络拓扑能进行实时监控展示。

（4）通过云平台安全管理中心对云平台及物理主机的安全策略、恶意代码、补丁升级等安全相关事项进行统一管理。

第 10 章　网络安全管理体系

体育赛事网络安全管理体系的作用是通过建立健全组织机构、规章制度，以及通过人员安全管理、安全培训和各项管理制度的有效执行，来落实人员职责，确定行为规范，保证技术措施真正发挥效用，与技术体系共同保障安全策略的有效性得以贯彻和落实。

网络安全管理体系建设是网络安全管理工作的重要抓手和依据，并且管理体系的建设是满足网络安全等级保护 2.0 标准的要求，为组织建立起由安全策略、管理制度、操作规程等构成的全面的体系化安全管理模式。通过网络安全管理体系的建设，能够完善赛事网络安全策略和制度体系安全框架，形成内容覆盖全面、层次分明、结合实际并且可以落地执行的网络安全管理体系。

10.1　网络安全管理体系的内容

建设赛事安全管理体系，建议参考如下内容。

（1）制定适合的网络安全保护计划，并结合关键业务流的安全风险报告，明确网络与信息系统网络安全保护工作的目标、安全策略、组织架构、管理制度、技术措施、实施细则及资源保障等，形成文档并经审批后发布至相关人员。网络安全保护计划至少每半年修订一次，或发生重大变化时进行修订。

（2）基于关键业务链、供应链等安全需求，建立或完善安全策略和制度，并根据其网络与信息系统面临的安全风险和威胁的变化相应调整。

（3）对网络与信息系统的安全风险进行检测，并制定定期随机抽查检测制度，提出改进措施，必要时对网络与信息系统存在的安全风险进行检测评估。

（4）定期组织网络与信息系统运营者进行网络安全应急演练，提高应对网络安全事件的水平和协同配合、处置能力。

（5）促进有关部门、赛事组委会、网络与信息系统运营者，以及有关研究机构、网络安全服务机构等之间的网络安全信息共享，各部门协同作战。

（6）对网络安全事件的应急处置、功能恢复等提供技术支持和协助，并优先支持和设立重要系统的恢复机制。

10.2 网络安全管理体系的组成

根据网络安全等级保护 2.0 标准，安全管理体系由五个部分组成，分别是安全管理制度、安全管理机构、人员安全管理、安全建设管理、安全运维管理，如图 10-1 所示。

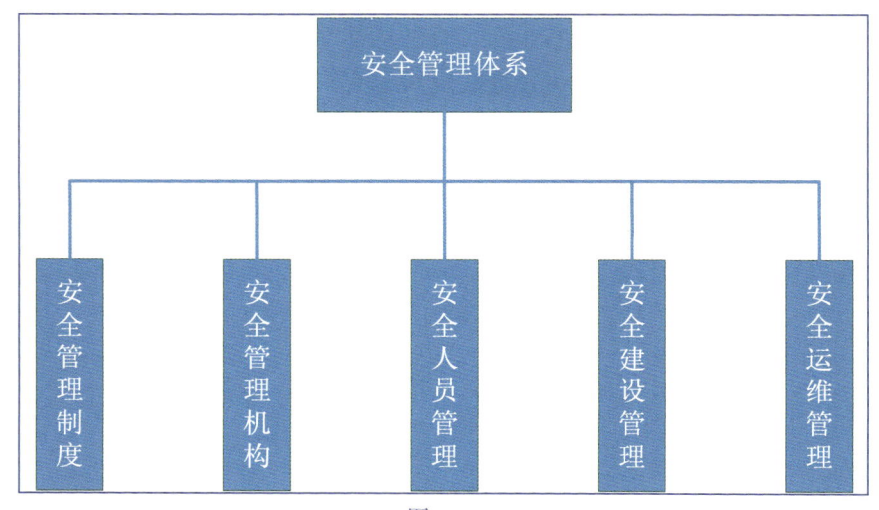

图 10-1

（1）安全管理机构：包括职能部门岗位设置；系统管理员、网络管理员、安全管理员的人员配备；授权和审批；管理人员、内部机构和职能部门间的沟通和合作；定期的安全审核和安全检查。

（2）安全管理制度：包括安全策略、安全制度、操作规程等的管理制度、管理制度的制定和发布、管理制度的评审和修订。

（3）安全人员管理：包括人员录用、人员离岗、人员考核、安全意识教育和培训、外部人员访问管理。

（4）安全建设管理：包括系统定级、安全方案设计、产品采购和使用、自行软件开发、外包软件开发、工程实施、测试验收、系统交付、系统备案、等级测评、安全服务商选择。

（5）安全运维管理：包括机房环境管理、信息资产管理、介质管理、设备管理、监控管理和安全管理中心、网络安全管理、系统安全管理、恶意代码防范管理、密码管理、变更管理、备份与恢复管理、安全事件处置、应急预案管理。

针对运动会类型的体育赛事，特别是针对运动会组委会相关网络安全管理体系建设内容，以实际工作内容为工作必要原则，参考的管理体系文件构成如表 10-1 所示。

表 10-1

管理体系文件
1 ×××××运动会网络安全管理纲要
2 ×××××运动会文件管理制度
3 ×××××运动会网络安全管理组织机构
4 ×××××运动会安全检查制度
5 ×××××运动会信息系统授权审批制度
6 ×××××运动会网络管理制度
7 ×××××运动会官网系统安全运行管理制度
8 ×××××运动会计算机终端管理制度
9 ×××××运动会沟通合作管理制度
10 ×××××运动会人员安全管理制度
11 ×××××运动会第三方人员管理制度
12 ×××××运动会信息系统采购管理制度
13 ×××××运动会信息系统安全建设管理制度
14 ×××××运动会外包软件开发管理制度
15 ×××××运动会供应商安全管理制度
16 ×××××运动会信息资产管理制度
17 ×××××运动会介质安全管理制度
18 ×××××运动会信息化设备管理制度
19 ×××××运动会办公环境安全管理制度
20 ×××××运动会系统上线评估管理办法
21 ×××××运动会安全运维管理制度
22 ×××××运动会系统变更管理制度
23 ×××××运动会备份恢复管理制度
24 ×××××运动会竞赛专网安全设备账号密码管理制度
25 ×××××运动会网络安全事件管理制度
26 ×××××运动会应急响应管理制度
27 ×××××运动会机房管理制度
28 ×××××运动会场馆网络安全管理运行通用政策

其中，《场馆网络安全管理运行通用政策》是整体赛事信息技术通用政策的重要组成部分，用于制定赛事网络安全服务、运行和保障的政策。这些通用政策将为各使用

及涉及人员提供清晰的网络安全通用政策说明，是赛事运行中不可或缺的网络安全政策文件。

网络安全管理体系实施和建立过程中，采用 PDCA 模型建立网络安全管理体系，并加以实施，并保持和改进其有效性。网络安全管理体系除了贯穿赛事整个安全管理过程，同时网络安全管理体系文件自身也需要监视、评审和不断改进优化，以使其更适合当下的网络安全工作。

10.3 等级保护定级建议

等级保护定级并实施定级对应的网络安全防护措施是我国一项基本的网络安全法律和制度要求，赛事信息系统虽然不是长期存在运行的，部分系统随着服务赛事需要而上线、下线。但这仍然适用于我们国家施行的网络安全等级保护管理制度。因此，需要对赛事的信息系统进行定级、备案和测评等管理，以确保其符合相关规定。

1. 云计算中心

云计算中心是承载赛事大量信息技术手段和应用系统的核心平台，不仅要满足"两地三中心"的灾难备份、恢复原则。同时由于其云平台将承载三级系统，因此云计算中心的等级保护定级建议为：三级。

2. 竞赛专网

由于竞赛专网是整个赛事承载信息技术的核心网络，它的安全、稳定与否将直接影响所有信息技术的使用和应用，进而影响到整体竞赛、观赛的顺畅与成功。竞赛专网是最核心的一张服务赛事的网络，因此等级保护定级建议为：三级。

3. 应用系统

赛事应用系统主要包括下面四种类型：

（1）赛事管理系统（GMS）。该系统面对互联网开放，提供对应的赛事注册、报名、交通、住宿等服务，根据等级保护定级相关评定标准，建议定级为：三级。

（2）赛事成绩系统（GRS）。该系统主要运行在竞赛专网内，是直接服务竞赛结果的各类系统，由于其运行在相对封闭的网络中，因此等级保护定级建议为：二级（如有特殊性网络安全要求，可以适当考虑等级保护定级为三级）。

（3）赛事支持系统（GSS）。该系统是支持赛事运行的基础信息化系统，为赛事的运行提供必要的监控、支持和帮助，因此等级保护定级建议为：三级。

（4）其他办公或面向公众类服务系统。为公众服务和开放类别的系统，如官网，等级保护定级建议为：三级；日常办公类别系统，且运行在相对安全环境中，可以考虑等级保护定级建议为：二级。

当然，等级保护的定级可以通过组织专门的专家评审会对定级进行评审和建议。但是近些年出现过度网络安全要求的情况，因此还建议在赛事的组织定级过程中，充分考虑各方因素和实际情况，避免过度网络安全的情况出现。一味地追求网络安全未必尽是安全。

从另外一个角度考虑，并不是系统完成对应的定级，通过测评就理所当然地认为该系统非常安全。系统是否安全需要从多个维度评判和考量。很多时候，对于重要的系统，等级保护标准仅仅是最低的基准线，往往还需要根据该系统的业务特点进行安全防御能力的提升，并关注定制化网络的安全。

第 11 章 网络安全检测

网络安全保障服务是确保赛事相关系统、网络、云安全的有效技术手段。众所周知，网络安全保障服务包含安全咨询与管理、网络安全检测与加固、安全演练与安全培训、安全运营与安全保障四大模块，涵盖安全运维、安全咨询、风险评估、渗透测试、红蓝对抗、等级保护合规自查、安全加固、攻击分析、数据安全评估、配置核查与后门检查、安全值守保障、物资保障、安全培训、沟通与协作等内容。

网络安全保障服务涉及很多内容，这些内容在常规的安全管理中可以根据赛事的不同特点、当时形势进行合理的安排。本章着重介绍网络安全检测服务中重要的几块内容，这几块内容的检测能力和结果将直接影响到保障目标系统的安全性，进而决定赛事的网络安全保障结果。

11.1 渗透测试

渗透测试是对安全情况最客观、最直接的评估方式，该方法主要是模拟黑客的攻击方法对系统和网络进行非破坏性质的攻击性测试，目的是侵入系统，获取系统控制权并将入侵的过程和细节产生报告给系统责任人，由此证实信息系统所存在的安全威胁和风险，并能及时提醒安全管理员完善安全策略。

渗透测试包括网络层、系统层和应用层。

1. 网络层

针对赛事信息系统所在网络层进行网络拓扑的探测、路由测试、防火墙规则试探、规避测试、入侵检测规则试探、规避测试、不同网段 VLAN 之间的渗透、端口扫描等，发现存在漏洞，验证此种威胁可能带来的损失或后果，并提供避免或防范此类威胁、风险或漏洞的具体改进或加固措施。

由于服务器系统和网络设备研发生产过程中所固有的安全隐患及系统管理员或网络管理员的疏忽，一般网络层安全漏洞检测要涵盖网络层设备 OS 漏洞隐患及配置错误带来的网络安全风险。

2. 系统层

通过采用适当的测试手段，发现赛事信息系统在系统识别、服务识别、身份验证、数据库接口模块、系统漏洞检测及验证等方面存在的安全隐患，并给出该种隐患可能带来的损失或后果，提供避免或防范此类威胁、风险或漏洞的具体改进或加固措施。同时，系统层渗透测试要至少包括模拟控制内网的横向渗透。

3. 应用层

在应用层通过采用适当测试手段，发现赛事信息系统在验证及授权、代码审查、被信任系统的测试、文件接口模块报警响应等方面存在的安全漏洞，利用该漏洞可能造成的安全隐患，并提供避免或防范此类威胁、风险或漏洞的具体改进或加固措施。

应用程序及代码在开发过程中，由于开发者等各种因素，疏忽大意极为容易导致应用系统存在可利用的安全漏洞。一般包括 SQL 注入漏洞、跨站脚本漏洞、上传漏洞、CSRF 跨站请求伪造漏洞等。针对应用层的渗透测试服务将从以下两个方面开展。

1）漏洞利用

针对 Web 这种 B/S 架构的应用需要开展全面的、交叉的渗透测试。漏洞利用层面的测试建议包括以下内容。

（1）DoS 拒绝服务；

（2）CSRF 跨站请求伪造；

（3）SQL 注入攻击；

（4）XSS 网站脚本攻击；

（5）文件上传并解析脚本漏洞；

（6）DNS 查询攻击；

（7）暴力破解；

（8）信息泄露；

（9）后门程序；

（10）Cookie 攻击；

（11）重定向攻击；

（12）身份验证和会话；

（13）权限与访问控制；

（14）不安全的加密存储；

（15）SSRF 服务器端请求伪造；

（16）XML 外部实体攻击；

（17）反序列化漏洞；

（18）任意文件读取；

（19）变量覆盖；

（20）命令执行；

（21）Web 组件漏洞；

（22）代码执行。

2）业务逻辑漏洞

业务逻辑漏洞是开发者处理业务逻辑时产生的可攻击型漏洞，业务逻辑漏洞在运动会的票务等系统中较为常见。业务逻辑漏洞测试前建议先由开发人员对业务形态和逻辑做基本介绍和解释。常见业务逻辑漏洞包括：伪造或劫持修改数据、重复提交数据、绕过验证、接口轰炸、越权漏洞等。

实际的渗透测试过程中测试者将根据应用系统架构、运行的中间件、使用的模块框架来进行测试。在资源有保障的情况下，可以考虑将渗透测试分为两组进行交叉测试，以便更全面地发现漏洞。

11.2 源代码安全审计

源代码安全审计是验证开发人员是否遵从安全编码规范实现的重要步骤。源代码安全审计工作是针对赛事成绩系统、赛事管理系统、赛事指挥系统的源代码，通过了解其业务系统，从系统结构方面检查其各模块和功能之间的功能、权限验证等内容；从安全性方面检查其较脆弱性和可能有缺陷的一项工作。在明确当前安全现状和需求的情况下，对更新编码安全规范和从源头上保障业务系统安全有重大的意义。

1. Web 类（目前主流的 Web 后端代码有 PHP 与 Java）

（1）引用的库：对常见的库要确认现行版本是否存在安全漏洞，对不常见的库视需求确认是否需要进行审计。

（2）确认业务是否需要访问鉴权，是否有严格的鉴权方式。杜绝垂直越权、水平越权等风险。

（3）对参数的传入进行严格的校验，如果不进行校验可能会造成 XSS、SQL 注入、反序列化等漏洞。

（4）确认是否存在风险较大的函数如：EXEC、CURL、文件读/写等。这些函数可造成命令执行、SSRF、任意文件上传和读取等一系列的风险。

2. 软件类

（1）文件的解析：不能正常解析文件可造成拒绝服务或命令执行等攻击。

（2）对网络协议的接收：有合理的数据包大小和协议的合法校验。

（3）用户的操作是否存在校验：如自助收银机或贩卖机等场景下，对用户操作不存在校验，可能会造成用户越权访问管理界面或关闭机器等高风险。

源代码安全审计是通过白盒或者灰盒的方式开展的一种主动发现安全问题的手段，源代码安全审计过程中依赖代码审计者的个人能力和经验，因此在进行源代码安全审计时，需要考虑审计的常见项目和风险项目。同时，在代码设计开展的过程中，可以结合已经完成开发部署的测试环境，通过测试环境结合代码审计中发现的疑虑点或问题点进行测试、验证。

11.3 众测与钓鱼测试

入侵者的攻击和入侵主要是利用了目标网络的安全弱点，而入侵的过程就是寻找目标脆弱点的过程，思路往往因人而异。众测也是同样的道理，众多测试人员模拟真正的入侵者入侵系统，以渗透测试为主，辅助以攻击工具的使用，以保证最大限度地发现漏洞。

由于众测采用现金悬赏的方式进行，能够激励更多的"渗透白帽子"参与活动，最大限度地发现漏洞和安全问题。众测悬赏时，需要清楚地制定不同等级漏洞的界定原则和对应悬赏额度、审核办法。

同样，根据不同的系统敏感程度需要定制不同的众测方案，避免出现部分"渗透白帽子"发现漏洞而不提交或私自利用漏洞窃取数据的情况。因此对于敏感的系统可以采用邀请测试的模式，要求参与测试的人员通过制定的可控、可审计的渠道开展测试。便于对其行为进行跟踪、审计，避免失控情况出现。同时为了进一步防范众测风险，可以与众测人员或组织签订保密协议。

在众测中可以根据需要选择钓鱼测试或者独立开展钓鱼测试。钓鱼测试不仅是对测试对象的网络安全意识的检测，同时攻击者能够通过钓鱼测试的方式用最低成本或最简单方式突破网络安全防御。目前，钓鱼攻击已经成为最常用的攻击手段之一，因此在网络安全检测时，建议采用和开展钓鱼测试，提高赛事相关人员的网络安全意识水平。当然，在实施钓鱼测试过程中，一定要征得网络安全领导小组同意后再开展，特别注意在调度实施过程中可能涉及诸多敏感对象，以及可能扩展和扩散的范围。

11.4 红蓝对抗

为了更好地验证赛事网络安全防护手段和保障机制的可靠性和合理性，同时能够检验应急场景是否可行,通过红蓝攻防对抗能够全面检验各业务平台关键信息基础设施与重点信息系统安全防护和应急处置能力,训练和提高安全各方协作协同的作战能力。蓝方模拟黑客发起实时攻击事件,红方通过安全技术手段发现和拦截,以验证各业务系统的安全应急和保障能力,并突出对突发事件的应对及应急处置能力和检验预案的有效性。

通过红蓝对抗,全面检验并提升各业务平台关键信息基础设施与重点信息系统安全保护能力和水平,最大限度发现渗透测试遗漏的安全隐患。这样可以及时整改网络安全存在的深层次问题和安全隐患;进一步加强各方的合成作战、协调配合能力;提高攻防双方的技术对抗和应变能力;针对演练发现的突出问题,组织在更大范围内进行整改,排查消除网络安全领域重大风险,总结评估网络安全态势,形成网络安全评估报告提供决策参考。

演练严格遵循风险可控原则,使用专用攻击通道、可控的攻击手段及范围,保证演练过程与数据安全受控,确保整体方案风险可控。

11.5 配置核查与后门检查

配置核查是指对网络设备、系统、应用、数据库等进行安全配置的基线检查,是网络安全检测中最基本且基础的技术。大部分漏洞被利用或利用后的提权是由于配置不合理或错误配置导致的,因此最基本的配置核查是最不能忽视的环节。合理的配置改进可以用较小的成本达到较好的网络安全防御效果。

在配合核查的同时,服务赛事的信息系统正式投产运行前或运行中应定期开展提取日志分析、后门检查,以确保上线前的运行环境和系统是"干净"的。计划好周期性的后门及安全检查也是保障及时发现入侵或攻击行为的简便方式。在有条件的情况下,特别在赛时运行阶段,可以增加后门检查及日志分析的频次,以确保系统处在正常安全状态下。

11.6 数据安全评估

根据《中华人民共和国网络安全法》《中华人民共和国数据安全法》等法律法规,以及数据安全能力成熟度模型(DSMM)、网络安全等级保护2.0标准的相关要求,应从数据生命周期角度识别重要数据系统面临的威胁与脆弱性。借鉴信息安全风险评估规范中的风险评估方法模型、个人信息安全影响评估指南,通过评估目标数据对应的数据安全、数据环境、现有数据安全管控措施等，发现目标系统的数据安全风险，并针对不同级别、类别的数据制定风险应对策略。

（1）从全局角度，以数据安全为核心，以数据的全生命周期为各个安全过程域，从组织建设、制度流程、技术工具和人员能力四个维度对数据安全防护能力进行评估，进而全面了解目前的数据安全管理运行现状，参照数据安全能力成熟度模型标准，分析现有数据能力与标准模型之间的差距，制定有针对性的数据安全改进方案及整体提升计划，指导组织后期数据安全建设的方向。

（2）基于业务场景（调研业务流和数据流）的数据安全风险评估是指通过综合分析评估后的资产信息、威胁信息、脆弱性信息、安全措施信息，最终生成风险信息。为了达成整体的目标，基于业务场景的数据安全风险评估围绕数据相关业务开展的详细的风险调研、分析，产出数据风险报告，并基于数据风险报告产出符合单位实际情况并且可落地推进的数据风险治理建议。

（3）对个人信息安全影响进行评估前，应针对个人信息控制者的个人信息处理过程进行全面的调研，形成清晰的数据清单及数据映射图表。同时结合个人信息处理的具体场景，初步判定所处理的个人信息哪些属于个人敏感信息，梳理出待评估的个人信息处理活动，评估过程中，首先分析个人信息处理活动对个人权益造成的影响，并判定相应的影响程度；其次对个人信息处理活动涉及的特点、安全措施、相关方、规模等进行分析，判定相应影响相关安全事件发生的可能性，最后，综合分析影响程度和可能性两个要素，得出风险等级，并给出相应的改进建议，最终形成评估报告。

（4）依据相关法律法规、行业政策，定期执行科学量化的监督检查工作方案，完成数据安全建设检查目标。数据安全检查工程师应基于数据安全的安全控制点来开展检查全面数据安全检查，评估安全控制措施的存在性及有效性，通过数据库漏洞检查、配置基线检查、弱密码检查等手段进行数据资产自身的安全评估，通过常态化安全现状检查以有效发现当前数据库系统的风险问题，同时形成符合赛事信息化系统的安全检查清单，以便于常态化执行和关注数据安全。

网络安全检测的内容不仅于本章所描述，还有很多其他的检测方式和专项工作内容。这些从网络上可以找到很多参考资料，在这里就不再赘述。本章主要把在赛事安全检测过程中经常使用的技术手段和重要的检测方法进行介绍，也并未深入讲述每一种操作方式。本章的目的在介绍网络安全检测实用的技术方法，这些方法将帮助我们最大限度地发现问题，尽可能全面地将隐患降至最低。

第 12 章 网络安全应急体系

应急是所有安全范畴必须考虑和储备的手段,网络安全也不例外。网络安全应急体系是大型体育赛事在信息化和网络安全应急领域的重要组件,网络安全应急的意义在于对潜在隐患或突发网络安全攻击所产生的情况、事件进行应对。

网络安全应急体系是体育赛事信息化过程中的必选项,其构建是建立在网络安全基础工作之上的。网络安全应急的目的是提高防护目标系统的网络安全防御能力和保障水平,形成科学有效、反应迅速的协同工作机制和网络安全保障机制。网络安全应急的最终目标是保障信息系统的实体安全、运行安全、网络安全和数据安全。网络安全应急体系应能够最大限度地减轻网络与信息系统在突发事件中遭受的危害,能够确保当前信息系统仍然处在可控的范围内,能够平稳、安全地保障业务不间断。

12.1 网络安全应急误区

在很多人的意识中,网络安全应急是一直存在的。但正是这个原因,导致很多人认为它必存在却又不重视,对于运动会这样"一次性"的体育赛事,网络安全应急体系和其他相比,明显有一些不一样的地方,甚至很多网络安全的资深人士,都难免进入一些误区。

(1)存在但不重视。我们去了解很多单位的网络安全情况时,都会谈到网络安全事件应急或其他网络安全应急,几乎每个责任单位都有或薄或厚的网络安全应急预案,但是却没有人去维护和管理,导致很多网络安全应急预案躺在角落里,只有检查时才拿出来。

(2)存在但不合理。很多网络安全应急预案千篇一律,互相"借用",甚至很多网络安全应急预案是从网上摘抄来的,是对网络安全服务商模块化的预案的快速修改。对网络安全应急对象缺乏基本的了解,很多人甚至都没有看过自己"借用"的应急预案,可想而知,这样的应急预案在发生网络安全事件时能使用吗?

（3）存在但不使用。网络安全应急预案是编制好了用于指导实战应急的，很多网络安全应急预案耗费了大量的人力、心血编制而成，也为可能的网络安全应急储备了资源，但是往往在真正应急时，更多凭借应急人员的经验，超出知识、经验范畴时，一筹莫展，大大增加了应急响应时间，而且完全遗忘了网络安全应急预案中的宝贵技术方案。

（4）忘记应急目标。很多网络安全专家或者资深人士，经常编写厚厚的应急预案，而且确实非常专业，能够在日常的网络安全应急中发挥重要的作用，清晰且专业地定义了网络安全应急各个环节、流程和场景。但对于大型综合类运动会或大型活动来说，应急响应目标是最短时间缩小影响、最快时间恢复业务。实战中的应急以扁平化为主，服务贴近实际。在大型综合类运动会当中很难想象，冗长的规范的应急流程走完后，将面临何种境况和压力。

（5）最好的应急是没有应急。这是很多网络安全专业的人经常走入的误区，特别是在大型运动会或活动中，更强调攻防对抗的"实时性"。在大型运动会或活动中所说的"应急"很多时候指的就是实时的攻防对抗，也就是当攻击发起的那一刻的应对措施，准确地讲叫对抗措施，将安全攻击和隐患消弭于萌芽。对这一点的理解在大型运动会中是非常重要的，因为这样的应急更多在事前、事中，而非事后，通过这个观点，反推回去，大家也就能够清晰地明白网络安全应急预案编写的重点。

12.2 网络安全应急原则

在准备网络安全应急的时候，应尽可能把应急前移至事前、事中阶段，特别是重要保障的核心系统和目标。在大型运动会当中，网络安全应急遵循"先处置，后汇报"的原则，即"职责清晰、授权一线、秒级处置、分类报告"。

（1）职责清晰。网络安全应急要清晰明确责任人及职责，并确保每个人清晰知晓自己的责任和职能。

（2）授权一线。网络安全应急工作不仅需要扁平化的组织来提升效率，同时要把应急处置的权限授权给一线责任人，在需要应急处置时，能够第一时间开展应急处置工作。

（3）秒级处置。在运动会中网络安全应急要前移，通过攻防对抗的方式来做提前应急，在攻防对抗中要求响应迅速，抢在攻击成功或获取更多信息之前对攻击行为处置完毕。

（4）分类报告。在事件完成处置后，根据网络安全应急预案将事件按照类别和响应级别进行报告。对于重大网络安全事件,应做到边处置、边汇报或重处置、同汇报。

12.3 网络安全应急工作组织

网络安全应急是一门成熟的、体系化的网络安全科目,关于网络安全应急工作的组织可以参考通用类别的网络安全应急指南。但就体育赛事过程中涉及的网络安全应急工作来说,只有深入地理解了业务的形态和特点,才能制定出更具有针对性的网络安全应急预案。关于网络安全应急工作组织,从以下几个方面建议。

1. 网络安全应急组织

网络安全应急组织的成立和明确在体育赛事网络安全工作中是十分必要的,可以考虑人员兼任或复用。网络安全应急组织是为设定应急目标、流程、组织而组建的,需要明确网络安全应急组织的主要负责人,可以设置 A/B 角。

网络安全应急组织在体育赛事中可以细分为内部组织和外部组织。内部组织主要由内部成员或干系供应商构成,主要负责攻击监测、研判、分析和处置,是直接负责的一线应急队伍。外部组织主要由外部干系专家或主要主管、监管部门构成,外部组织能够在重大网络安全攻击时协调、调配外部资源予以支援和协助,这些外部资源是内部不具备的。例如,对 DDoS 流量型攻击,当达到一定量级时,可以申请外部组织(如通信管理部门)予以协助处置和资源调配。

2. 网络安全事件定级

网络安全事件定级对体育赛事非常必要。大型运动会涉及多个场馆,每个场馆技术运行团队对网络安全事件的理解和认知不一样,容易导致标准不一样。而由运动会的 IT 技术运行中心(ITCC)运行的事件上报到管理系统中,对于网络安全事件而言粒度过粗,很难充分传递。

网络安全事件的定级,是针对网络安全攻击行为的危害性进行的普遍性定级,以供网络安全技术人员进行初步预判和响应,同时根据网络安全攻击事件的类型及依据攻击行为危害性对网络安全事件进行定级,明确处置责任及汇报对象及应急操作管理原则。

当然,网络安全事件的定级按照类别进行简化定级,便于一线技术人员快速判断,并对主要常见类型进行简要攻击现象进行描述和识别。这些事情的定义要按照系统来分类,在运动会中,有的系统对于持续运行的要求高于数据泄露的风险,有些则是安全性高过可用性。因此要根据运动会几大类别的信息系统的特点进行合理、科学的网络安全事件等级定义。

3. 网络安全应急预案

网络安全应急预案的制定要包括网络安全设备故障、网络安全攻击两大类别。应急预案中对于应急组织和人员要清晰明确到具体人员和具体工作界面。

网络安全应急预案不仅贯穿网络安全应急的全生命周期，而且要面向应急对象，在理解业务特点、知悉业务要求的基础上设定不同场景的网络安全应急操作脚本。

网络安全应急预案场景的脚本化，要能够描述攻击主要表现、攻击特征、攻击监测措施、发现措施和症状研判，能够针对现象自动关联到对应的应急响应人员，并定义最短路径的处理流程和机制。网络安全应急预案定义的场景至少应包括网络安全设备故障、DDoS 攻击、CC 攻击、DNS 劫持、域名劫持、网页篡改、系统入侵、感染僵木蠕病毒、负面安全事件舆论、数据失窃、应用故障等场景，具体可以根据业务类别进行定义。

4. 网络安全应急预案管理

网络安全应急预案制定后，要面向应急人员和系统主体拥有者团队进行发布，网络安全应急预案的制定者或应急负责人要对网络安全应急预案的发布、更新进行管理。

网络安全应急预案的管理者在实时应急预案发布后，需要组织应急参与人员针对应急保护使用目标系统地进行网络安全应急预案的培训，讲述网络安全应急预案内容和应急分工界面。网络安全应急预案的管理者同时要在系统正式投产运行前，组织开展针对系统的网络安全应急演练，分解演练动作和脚本，让各方通过应急演练熟练掌握网络安全应急响应技术操作、流程和职责。

网络安全应急预案的管理者还应该在演练或应急后，开展应急工作的总结，对应急中发现的存在弱点进行加固、提升和解决，总结工作应全员参与。

网络安全应急工作组织时，对于体育赛事可能存在并发安全事件的情况，可以考虑提供线上的及时调度指挥系统提高网络安全应急效率和监控能力，特别对于突发的网络安全事件应急处置能力。

在体育赛事中，网络安全应急应该是主动的，如主动监测发现的网络安全攻击行为，威胁情报获取的潜在漏洞信息，攻击者攻击前的行为或舆情研判等。主动的网络安全应急符合体育赛事网络安全应急前移的思想，也是重大活动网络安全保障主动对抗的思维模式体现。

第13章 供应商/供应链安全

近些年，网络攻击的方式已经发生了很大的变化，针对供应商/供应链的攻击越来越多。大家清楚地知道，组织一场体育赛事需要大量的供应商和供应链参与。物理基础设施的建设、装修需要大量不同类别的供应商，就信息化而言，也需要大量的不同职能和提供不同服务的供应商，其中包括通信、网络、系统、应用、安全、测评、安防、物联网、传感器、自动驾驶等多个方面，而且这些供应商自己在提供的服务中也大量采购或者使用了下游供应链提供的产品和服务。

攻击者在发起攻击的时候，会寻找目标的安全防御短板。攻击者首先会搜集大量的供应商/供应链相关数据和信息，并分析出网络安全防御的薄弱点和脆弱环节。攻击者试图用最小的成本获取最大的攻击成果。对于体育赛事的网络安全人员来说，他们的注意力更加专注于自身的系统，即使构建了铜墙铁壁和层层防护措施，但往往忽略或者遗忘供应商和供应链被攻击产生的后果。

如果这些供应商和供应链被攻击的是正式提供给体育赛事组织者的服务，或者通过获取供应商和供应链的漏洞，提前注入控制后门来达到入侵的目的。往往很多为体育赛事组织者服务的供应商/供应链，他们的服务人员都会存储涉及体育赛事的信息，甚至很多服务者电脑上存放涉及体育赛事系统的敏感信息（如账号密码和敏感数据等），供应商服务器上甚至存在为赛事服务的系统信息（如代码、接口及数据等）。而供应商/供应链自身的网络安全防护非常脆弱，攻击者很容易就能获取并控制它们，进而轻松地通过供应商或者供应链作为跳板，成功侵入赛事核心系统，让大笔的网络安全投资和网络安全措施形同虚设。因此，特别是在现代的运动会和未来的大型活动网络安全组织工作中，一定要将供应商和供应链安全放在重要的位置。

13.1 供应商和供应链网络安全管理

体育赛事组织者在知道供应商/供应链的网络安全隐患后,需要将这部分的网络安全工作纳入重点,并对具体的供应商和供应网络安全进行管理、约束和更新,以确保其不会成为网络安全短板。

网络安全建设采取"同步规划、同步建设、同步使用"的三同步原则并明确主体网络安全责任。体育赛事的供应商(泛指合作伙伴、赞助商、采购商等所有为体育赛事提供产品、服务的第三方,以及第三方设计的核心供应链)的产品与服务运维管理采取"谁提供,谁负责;谁运营,谁负责"的原则。在信息技术相关供应商征集或者采购过程中,体育赛事组委会应明确自身和相关供应商双方的网络安全责任与义务,在合约或合同中应提供清晰的网络安全主体责任界定和网络安全要求,明确数据所有权;要求相关供应商履行网络安全责任和承诺,并对其合作伙伴实施明确的网络安全控制。

体育赛事组委会的网络安全责任处室应负责对供应商和供应链网络安全责任的管理,可以对信息系统相关承建方的网络安全进行指导、规范、监督、审计,也可以委托专业网络安全人士或机构对相应的网络与信息系统进行安全防护建设、管理、运营、维护、检测、监测和监管。

对于云服务商,由体育赛事组委会的网络安全责任部门开展云安全监管工作,包括流量接入检测、提供日志信息和其他必要的安全数据,同时对云服务商存储涉及组委会的数据进行管理和控制。

对于第三方外包服务,由供应商自行负责其网络安全相关工作,如果服务中涉及保密信息,供应商应签订保密协议书和相关责任承诺书。

供应商/供应链可能存在包含恶意功能、安全策略缺失导致产品与服务易受攻击、被伪造等风险。对供应商/供应链进行网络安全管理的主要目标就是识别、评估和降低这些风险。

供应商/供应链安全管理活动至少应包括以下内容。

(1)确定对供应商的网络安全要求。

(2)通过正式协议(如合同)确定网络安全需求。

(3)针对如何验证和确认网络安全需求与供应商沟通。

(4)通过各种评估方法确保网络安全需求的落地。

(5)有权对供应商提供服务的相关系统、产品进行技术隔离说明和安全性检查。

(6)治理和管理上述活动。

体育赛事组委会也可以通过制定详尽的供应商/供应链网络安全管理制度和策略,

包括风险管理策略、信息技术供应商选择、产品开发和采购策略、安全维护策略等来提升网络安全基准。

供应商/供应链网络安全管理制度应明确各供应商/供应链需满足和具备的网络安全技术措施、安全评估、合规认证和责任，建立清晰可行的服务于赛事信息技术的安全计划、方案和措施，设置相应的供应商/供应链网络安全管理岗位，提供用于支持供应商/供应链网络安全管理和防护控制的资金、人员和权限等资源。

13.2 供应商和供应链安全基线

供应商在为体育赛事提供服务的同时，不可避免地会收集和处理用户相关信息。这些信息的归属权并不属于供应商，同时这些数据会面临失控和失窃等风险，所以体育赛事组委会应从安全角度对供应商进行要求，并遵循以下原则。

（1）在购买其产品时明确告知组委会收集相关信息的目的、用途和保护相关信息的策略，以及收集信息的类型、数量、存放地点、保存方式、保存期限、信息是否共享或转移等。

（2）在使用其产品时，提供禁止收集体育赛事相关信息的方法，并告知禁止收集相关信息后产品缺失的功能。

（3）在用户明示同意后，方可收集用户相关信息，并在收集用户相关信息时显示提示信息。

（4）收集的相关信息只能用于体育赛事组委会同意的目的和用途，未经组委会同意，不得私自留存或向外提供任何相关信息。

（5）采取必要的技术和管理措施，在收集、存储、处理时保护相关信息，防止信息被泄露或滥用。

（6）在保存期限截止时或收到体育赛事组委会及其相关人员请求时，除非基于法律或监管原因，否则必须彻底删除所有存储的相关信息。

（7）制定信息泄露等事件发生时的应急预案，以便将影响和损失降到最低。

（8）未经体育赛事组委会同意，禁止在境外存储、传输和处理在活动中收集的相关信息。

（9）为收集的信息提供安全的保护方式，包括但不限于加密技术的使用、所使用端口和协议等信息的检测。

体育赛事组委会在对供应商明确相关网络安全责任时，可以通过协议或者合同的方式确定网络安全考核管理办法，进一步夯实网络安全责任归属，激发供应商为组委会提供更加安全的服务或产品。同时，也可以考虑必要的针对供应商或供应链的网络安全援助计划。赛事运行期间，将供应商提供服务的内容统筹纳入体育赛事的网络安全指挥调度中，统一提供网络攻击防御和关联的网络安全事件应急响应。

13.3 供应商和供应链攻击防护

13.3.1 开发阶段攻击防护

供应商应建立应用生命周期安全管理制度，在应用和产品需求分析、功能设计、开发实施、测试验证及上线发布等环节进行质量和安全把控，保证产品的设计、研发、交付、使用、废弃等各阶段的安全风险和制造设备、工艺等方面的供应链安全风险基本可控。

定期对应用及产品进行功能、安全性测试，时刻掌握应用及产品安全风险，同时与上下游用户建立安全事件通报机制。出现安全问题时，及时与供应链上下游用户进行沟通，协同开展应急响应工作。

在供应商直接服务于体育赛事的网络与信息系统正式上线前，体育赛事组委会可以委托第三方安全机构进行代码审计与相关渗透型测试，并确保通过组织的网络安全评估。

供应商提供的网络与信息系统应构建技术要求和与其等级保护定级要求对应的版本和控制措施。

开发阶段供应商应充分考虑开发涉及的软硬件开发环境、开发工具、使用或引入的第三方库、第三方提供的组件、开发测试等，应特别关注开发工具污染、源代码污染、供应商预留后门等。如果发现所使用的开发工具、源代码及其他组件存在被污染或存在重大漏洞，应第一时间向组委会反馈汇报，提供应急响应和安全应对措施。

13.3.2 交付阶段攻击防护

攻击者会通过供应商官方网站、公共仓库、网络、安装介质、资源共享等多种方式获取供应商软件产品、信息服务，利用对发布或交付物捆绑恶意程序，通过对交付环节或分发环节的供应链发起攻击，劫持获取渠道的域名、CDN 和物流/供应链等，进行缓存投毒。因此，供应商应确保做到以下事项。

（1）维护和保障正规、安全的交付、发布、获取渠道。

（2）严格审核和保障交付产品、服务，确保产品和服务"干净"。

（3）提供数字签名校验，防止篡改。

（4）维护和保障信息系统自身安全，防止供应商被攻击而影响交付安全。

（5）确保物流供应环节安全，防止攻击者接触和恶意写入。

13.3.3 使用阶段攻击防护

供应商应为所提供的产品和服务在整个生命周期中提供网络安全保障，包括产品和服务的更新、功能升级、缺陷修复、漏洞修复等。通常攻击者通过篡改升级包、攻击升级服务器、升级跳转、攻击供应商提供的云服务等方式实现对供应链的攻击，所以，供应商应采取以下措施。

（1）加固、保障升级包和升级服务器的安全，提供升级校验和升级白名单机制。

（2）采取加密认证、防止外链和跳转等技术控制保障。

（3）监测和检测其采用的云服务商所提供服务的安全。

（4）定期对服务和产品测试、扫描、渗透，对存在的缺陷和漏洞进行预警，并提供修复弥补措施。

（5）建立产品和服务威胁情报检测能力，提升产品和服务健壮性。

供应商在和组委会建立密切合作关系时，存在同频使用产品和服务的情况，如存在通过接口、线上或线下的数据共享、传输和存储。供应商在服务体育赛事期间产生的数据，以及从组委会和其他相关供应商获取的数据，其所有权属于组委会，供应商不具有这些数据及其衍生物的所有权。这些服务于组委会与供应商的接口、数据将会成为被攻击者利用的重点突破点，因此供应商有责任进行以下安全保障。

（1）提供数据共享、传输、存储加密技术保障。

（2）保护用于系统的相关信息、标识、数据、文件等资料的 IT 环节安全。

（3）建设数据安全运维、审计、防护体系。

（4）提供数据隔离与分区方案，对数据传播和使用范围进行严格的技术控制和管理。

（5）建立数据交换平台，对数据的全生命周期进行管控，支持数据标签化，进行敏感数据分类和脱敏处理等。

（6）保障接口服务器和用于组委会数据的系统安全。

（7）保障自身信息化安全，做好权限分配与管理，避免数据和信息泄露。

（8）供应商在赛前、赛时与赛后阶段，废弃和终结的数据在回收和销毁时应在监督的情况下进行数据回收或销毁。

13.3.4 供应商和供应链其他安全

供应商除了从开发、交付和使用三个阶段进行保障外，还应加强对数据的安全管理。同时，应充分考虑攻击者通过供应链发起攻击的情况。

（1）仿冒/钓鱼。供应商应需要加强网络安全意识，防止攻击者利用或构建钓鱼网站、程序、邮件来发起攻击。

（2）植入后门。供应商应确保自身的供应链安全，对涉及的上下游供应商进行严格审查，防止植入后门、恶意代码或二次打包植入。

（3）员工/雇员攻击。供应商应对为体育赛事提供服务的相关员工/雇员进行背景审查，加强对员工/雇员的安全管理和技术控制，避免因员工/雇员被攻击者利用或因员工/雇员自身不满情绪、误操作导致的网络安全风险。

对于供应商和供应链的安全，除了进行管理性约束和技术指导外，还可以建立供应商/供应链的网络安全评估机制对安全进行评判，如对瞒报、漏报、不报或存在重大漏洞被攻陷的情况进行考核。

对于供应商和供应链发现的问题或发生的关联安全事件必须重视，及时组织风险分析和研判，跟踪问题修复情况。体育赛事组委会可以依据合同或协议要求与供应商签订《网络安全责任承诺书》，并协助加强网络安全技术管控，鼓励供应商主动提升自身的网络安全能力。

第 14 章 城市网络安全遗产思考

每一场体育赛事，特别是一场大型的国际综合类别的运动会，是对一个城市（或几个联合承办城市）综合保障能力的一次考验，所有在承办大型运动会的城市往往需要规划整个城市的提升工程，信息技术和网络安全更不例外。

所有的网络安全从业者或者网络安全相关的部门、人员，总会觉得自己要在这场盛大的活动中展现自己的风采，这种发挥自己作用的想法是非常积极的。我们曾深度参与了几十场大型活动，其中不乏大型运动会。我们时常反思，活动中是否存在过度的网络安全吗？网络安全需要这样的模式来开展吗？会不会有重复浪费？通过对以下几个问题的思考，对此也有了越来越清晰的答案。

1. 职责合理吗

举办大型运动会或活动的城市，往往组建有筹备组织机构，也就是组委会或者执委会。为了网络安全工作的开展，需要成立网络安全领导小组和执行网络安全工作的处室、部门，我们在实际工作中发现一个现象，组委会或执委会的网络安全处室工作是以监督的角色在开展工作的，在组织具体的网络安全工作时，会把网络安全风险和责任压实到各个业务部门。业务部门确实是网络安全主体责任部门，但网络安全专职部门仅仅是为了把责任分给别人吗？我想答案是否定的，网络安全部门统筹和落实、组织各项网络安全工作，应该和业务部门共同成为负责网络安全的第一责任归属部门。

2. 组织合理吗

我们经常在运动会上看到，组委会成立了各个不同层级的网络安全组织，各个网络安全组织职能存在交叉的、包含的、重叠的等多重形态。网络安全组织工作首先要明确边界、厘清责任，过多重复或职能交叉将不可避免地带来资源浪费，也会给业务模块带来更多的重复安全工作量。

网络安全的本质是攻防对抗，而且一定是动态的攻防对抗，通过动态的防御体系去面对不确定的攻击和网络安全隐患。大型运动会是为了保障竞赛成绩、指挥调度、电视转播、媒体报道、观众观赛而使用的信息系统，网络安全自然就需要为这些场景去分析面临的网络安全风险,设定和研判假想敌是谁?使用何种防御技术和手段去防护系统,保持这些系统的稳定、安全运行。

3. 过度追求网络安全吗

在一场大型的体育盛会网络安全保障工作中,几乎是整个城市的网络安全狂热运动,譬如组委会或执委会负责的赛事系统安全,场馆负责自己建设的场馆网络安全,运动员村负责自己辖区的网络安全,监管和执法部门在做整个城市网络安全检查时,又将其放到重点目标中,省级、市级、甚至区级、行业垂直主管部门,都在重复着同样的动作,这中间存在太多交叉。同样有人认为,网络安全本身取决于从不同的角度和思维来考量,交叉才能最大限度地发现网络安全隐患,但是实战中,我们要考虑,安全措施是不是过度重复了?过度追求网络安全了?

同时我们在实际工作中也观察出一个奇怪的网络安全现象,当组委会或执委会的网络安全组织部门,即网络安全处室或部门只有几个人的时候(5个人以下)网络安全工作开展得异常高效,当处室或部门人数超过10人的时候,却效率低下一团糟。这不是个例,那告诉我们什么呢?究其根本原因是网络安全责任随着人员变多更加不清晰的问题。

4. 可以作为网络安全遗产吗

为什么在探讨运动会遗产的时候,一般不会讲信息化和系统?因为运动会的信息化和系统带有浓重的体育竞技专业属性和色彩。但是网络安全作为标准化或者高标准化的攻防技术积累,可以作为运动会之后城市的知识遗产吗?我觉得可以从以下几个方面来考虑。

一场大型综合类别运动会所涉及的目标更加广泛,大致有以下四类。

(1)涉会核心系统:主要是为运动会直接服务的信息系统、场馆、竞赛网络、云平台和功能服务型场所(如运动员村、注册中心、媒体中心等)。

(2)关键信息基础设施:是重要的政府信息服务系统,城市运行保障系统,包括水、电、气、交通、电子政务等。

(3)服务保障设施:是为运动会服务的气象、医疗、基础电信网络和信息设施、媒体、城市形象展示等。

(4)整个城市重要的企事业单位信息系统、运动会的主要供应商/供应链和重要日常服务类信息系统。

这四个类别可以说涉及了运动会及整个城市的基础数字世界方方面面,这也正是网络安全为什么如此重要的原因。前面讨论过一个问题,即如何避免过度安全和重复,那最好的解决方式就是在规划时就考虑到会后要给城市留下什么。

(1)在做运动会网络安全规划时,放大视野和范围,将城市主要信息基础设施和运动会支撑服务系统统筹纳入统一考虑，成立一套班子的组织机构，全盘考虑整个城市的网络安全建设和运营。

（2）从操作上来说，对影响运动会的网络安全工作进行统筹规划，建立统一的城市级网络安全监测指挥或运营中心，采用"外圈保内圈、内圈保核心"的圈层思想，按照重要性进行等级划分，保障重点，不漏盲点。譬如将赛事运行的核心系统、网络、平台统一进行安全防御和管理，将支撑城市基础数字运行的关键基础设施、运动会核心供应商/供应链、主要重点企事业单位纳入一套平台开展网络安全运营，避免网络安全投资的重复和浪费，同时又能有效集中"优势兵力"，对重点保障目标进行高水平、针对性的防护。

（3）运动会的网络安全投资可以不是一次性投资。大家都了解的一个现状是，城市因为承办了某场运动会或体育赛事，临时成立了组织机构，通过租赁或服务采购的方式进行建设，运动会结束后，租赁或采购服务也到期，完成了使命。在运动会期间的城市网络安全运营和保障模式实质上就是这个城市网络空间防御的模型。实际上，城市数字化改革和建设之路，天然地需要网络安全护航，运动会的网络安全防御体系可以无缝转移到城市的网络安全保障运营上来，可以将赛时网络安全保障在赛后转成常态化的城市保障计划或方案，将采购或租赁的设备、服务打通资产归属转入长期使用，将赛时积累的经验转化为运动会知识遗产赋能城市网络安全防御。

一场运动会，既是一场盛会，也是一次城市治理水平的考验。狂欢过后，留下的不应该只有记忆。就网络安全而言，重视并且做好运动会的网络安全遗产的组织工作意义非凡，可以将安全运行转为安全运营，将安全能力赋能数字改革，将经验转化成机制，让网络安全人才继续为城市网络安全护航。

技术术语

术语缩略语	全　　称	中文描述
FISU	Fédération Internationale du Sport Universitaire（法语）	国际大学生体育联合会
OCA	Olympic Council Of Asia	亚洲奥林匹克理事会
IOC	International Olympic Committee	国际奥林匹克委员会
NOC	National Olympic Committee	国家奥林匹克委员会
TOC	Technology Operation Center	技术运行中心
GIS	Games Information System	赛事信息系统
GRS	Games Results System	赛事成绩系统
CVS	Competition Video System	竞赛视频系统
CRS	Central Results System	中央成绩系统
SES	Sport Entries System	竞赛报名系统
VRS	Venue Results System	场馆成绩系统
RDS	Results Distribution Systems	成绩发布系统
T&S	Timing & Scoring	计时记分系统
TST	Technical Statistic	技术统计系统
PSCB	Public Scoreboard	公共显示屏控制（系统）
TVG	TV Graphics	电视字幕（系统）
CIS	Commentator Information System	评论员信息系统
OVR	On Venue Results System	现场成绩处理系统
AVS	Arbitration Vedio System	仲裁录像系统
GMS	Games Management System	赛事管理系统
AVM	Athlete Village Management	运动员村管理
VLM	Volunteer Management	志愿者管理
ADP	Arrival and departure management	抵离管理
GSS	Games Support System	赛事支持系统
FOP	Field Of Play	比赛区域
MOC	Main Operation Centre	主运行中心
IBC	International Broadcast Centre	国际广播中心
ITCC	Information Technology Command Centre	IT 技术运行中心
MPC	Main Press Centre	主新闻中心

反侵权盗版声明

电子工业出版社依法对本作品享有专有出版权。任何未经权利人书面许可，复制、销售或通过信息网络传播本作品的行为；歪曲、篡改、剽窃本作品的行为，均违反《中华人民共和国著作权法》，其行为人应承担相应的民事责任和行政责任，构成犯罪的，将被依法追究刑事责任。

为了维护市场秩序，保护权利人的合法权益，我社将依法查处和打击侵权盗版的单位和个人。欢迎社会各界人士积极举报侵权盗版行为，本社将奖励举报有功人员，并保证举报人的信息不被泄露。

举报电话：（010）88254396；（010）88258888

传　　真：（010）88254397

E-mail：　dbqq@phei.com.cn

通信地址：北京市万寿路南口金家村 288 号华信大厦
　　　　　电子工业出版社总编办公室

邮　　编：100036